知的生きかた文庫

敬語「そのまま使える」ハンドブック

鹿島しのぶ　編著

三笠書房

はじめに

敬語であなたの“評価”は変わる！

敬語はビジネスの場面では必須の要素ですが、正しく使いこなせている人はあまりいません。これは、新入社員だけでなく、ベテラン社員にも言えます。多くの人は自分の敬語の使い方に不安を持っています。だからこそ正しい敬語を使える人は好感度が増し、信頼性が高まり、仕事の評価も上がるのです。

若者言葉を使うようなコミュニケーションをしていれば、いつまでたっても信頼されないばかりか、社会人としての常識を疑われてしまいます。

正しい敬語でコミュニケーションができることは、重要なビジネススキルの一つなのです。

習うより慣れろ、慣れるより真似よ

敬語には、尊敬語、謙譲語、丁寧語があり、とても複雑なイメージがあります。

しかし、敬語を使うことはそれほど難しくはありません。なぜなら、敬語には決まりきった基本の形があるからです。それさえ身につけてしまえば、あとは自然と敬語が口から出てくるようになります。

難しい敬語のテキストを何冊も買う必要は全くな

いのです。頭であれこれ考えるのではなく、上司や先輩の真似をしながらとにかく積極的に使って慣れることが大切です。

本書を読めば、あらゆる場面で、必要なときに適切な敬語を話せるようになります。

敬語は、習うより慣れろ、慣れるより真似ろ、というわけです。

豊富な事例でどんなシーンにも対応できる！

本書は仕事を中心に社会生活で必要な敬語表現をシーン別に分け、BAD（悪い例）とGOOD（よい例）を見開きで紹介しました。豊富な事例で、あらゆるシーンに対応でき、どこから読み始めても敬語をマスターできます。

鞄に一冊入れておき、必要なときや困ったときに開いてみてください。

敬語は、言葉の端々で敬意を伝えることのできる大変優れたものです。ぜひとも正しい敬語表現を身につけてください。

本書が人間関係を円滑にし、あなたの評価を高めるために役立つことを、心より願っています。

鹿島しのぶ

【目次】

第3章
電話での敬語

第4章
接客・社外での敬語

第5章

面接での敬語

第6章

冠婚葬祭の敬語

第7章

ワンランク上の敬語

付録

第1章

挨《あい》拶《さつ》の敬語

敬語の基本はまず挨拶から。会話の取っかかりである挨拶が満足にできなければ、そのあとどんなに美しい敬語を使っても相手にいい印象を与えられません。仲のよい人と交わす挨拶も「親しき仲にも礼儀あり」を忘れず、一定の節度を持った挨拶を心がけましょう。

Bad

Scene 訪問して来たお客様に対して

いらっしゃい

Scene 雨の日の訪問客に対して

雨の中、来ていただいて すみません

Scene わざわざ来てくれた訪問客に対して

わざわざすみません

Scene 寒い日の訪問客に対して

寒い中、ありがとうございます

Good!

いらっしゃいませ

ポイント解説　「いらっしゃい」だけでは敬意が伝わらない。「いらっしゃいませ」と言おう。

お足元の悪い中、お越しいただきましてありがとうございます

ポイント解説　雨の日に使う常套句《じょうとうく》。スマートな印象を与えることができる。

ご足労をおかけしました

ポイント解説　わざわざ出向いてもらったときに使う決まり文句。「自分が行くべきところを来てもらってありがたい」という気持ちを伝えることができる。

お寒い中、お越しいただきましてありがとうございます

ポイント解説　先方に対して労をねぎらう気持ちを持とう。

Bad

Scene 暑い日の訪問客に対して

暑い中、すみません

Scene 来客に待ってもらうとき

すみませんが、
ちょっと待ってください

Scene 来客を待たせてしまったとき

お待たせして、ごめんなさい

Scene 来客に対して

いま、お茶を持ってきます

Good!

お暑い中、お越しいただきましてありがとうございます

ポイント解説 来てもらって恐縮する気持ちを表現しよう。

申し訳ございませんが、少々お待ちいただけますでしょうか

ポイント解説 「待ってください」という、丁寧な命令形よりも「～いただけますでしょうか」という依頼形にすることで、よりお願いする気持ちが伝わる。

お待たせいたしまして申し訳ございません

ポイント解説 「ごめんなさい」は仲間内でのお詫びの言葉。ビジネスシーンでは、どんなときも「申し訳ございません」が基本だ。「お待たせいたしました」でもOK。

ただいまお茶をお持ちいたします

ポイント解説 訪ねて来たお客様には、丁寧な対応を心がける。

Bad

Scene 帰るお客様に対して

ぜひまた来てください

Scene 相手から依頼されて

はい、わかりました

Scene 相手の申し出を断るとき

いえ、いいです

Scene 相手を見送るとき

では、お気をつけて

Good!

ぜひまたお越しください

ポイント解説　見送りのときの言葉は印象に残るもの。歓迎している気持ちを伝えよう。

はい、かしこまりました

ポイント解説　指示や依頼を受けたら、まず「はい」と返事をしてから、「かしこまりました」と答えよう。

いいえ、結構です

ポイント解説　断るにしても、「いいえ、結構です」と言うほうが、相手の気持ちを損ねずにすむ。

どうぞ、お気をつけてお帰りください

ポイント解説　相手に好印象を与えるには、別れ際の挨拶も大切。しばらく会えない相手には「どうぞお元気で」「またお目にかかる日を楽しみにしています」と気づかいの言葉も加えよう。

Bad

Scene 取引先で応接室に案内されたとき

どうも、すみません

Scene 訪問先の家に上がることになったとき

すいません

Scene 訪問先でお茶を出されそうになったとき

何もいりません

Scene 訪問先で茶菓を出されたとき

すみません、いただきます

Good!

失礼いたします

ポイント解説 入室するときも、退出するときも、「失礼します」「失礼いたします」を使う。

お邪魔いたします

ポイント解説 個人の家に上がるときに使う決まった言葉。「すいません」は万能だが多用は慎もう。

どうぞ、お構いなく

ポイント解説 「何もいらない」ではあまりにも相手への配慮に欠ける。自分が恐縮している気持ちを伝えるためには「どうぞ、お構いなく」と言おう。

ありがとうございます。頂《ちょう》戴《だい》します

ポイント解説 「頂戴する」は謙譲表現で、相手に敬意を示す言い方であり、かつ丁寧な印象を与える。

Bad

Scene お茶をいただいて退出するとき

どうもありがとうございます

Scene 相手から厚意を示されたとき

ありがとうございます

Scene 相手と別れるとき

では、これで

Scene 取引先を急に訪問するとき

急に来てしまい、すみません

Good!

ごちそう様でした

ポイント解説 忙しい中、お茶を出してもらった心づかいに感謝の念を込める。

恐れ入ります

ポイント解説 一般的には「ありがとうございます」でも問題ないが、ビジネスシーンなどでより敬意を示すには、「恐れ入ります」を使おう。

それでは失礼いたします

ポイント解説 友だち同士なら、「では」でも許されるが、公式の場ではきちんと「それでは失礼いたします」、あるいは「ごめんくださいませ」と言おう。

突然お邪魔いたしまして、申し訳ございません

ポイント解説 相手の都合もあるので、急に訪問するのは失礼な行為となる。申し訳ない気持ちを表現しよう。

Bad

Scene 自分が会社から外出するとき

行ってきます

Scene 外出する上司に対して

行ってらっしゃい

Scene 会議のために席をはずすとき

会議に行ってきます

Scene 上司に呼ばれて

いま、行きます

Good!

行って参ります

ポイント解説 出かけるとき、同じ部署の人に外出する旨を伝えておくことは、ビジネスパーソンの基本。

行ってらっしゃいませ

ポイント解説 上司に対しては、たとえ親しくなっても、仕事の上では丁寧な言葉を使おう。

会議に行って参ります。15時終了予定です

ポイント解説 自分の所在をきちんと周囲に知らせておくのは、社会人としての基本。

はい、ただいま参ります

ポイント解説 上司に対する敬意は常に払うべきで、何でもないような場面こそきちんとした言葉づかいを！

Bad

Scene 自分が帰社したとき

帰りました

Scene 同僚が帰社したら

お帰り

Scene 外出先から帰社した上司に対して

お帰りなさい

Scene 交通渋滞で遅れて帰社したとき

いやー、参りました

Good!

ただいま戻りました

ポイント解説 帰社して黙って席につくようでは、周囲の信頼は得られない。

お帰りなさい

ポイント解説 気付いたら、必ずきちんと挨拶するのがコミュニケーションの基本。職場も明るくなる。

お帰りなさいませ

ポイント解説 上司に対しては、敬意を込めた言い方をするように心がける。「お疲れ様でした」でもOK。

遅くなりまして申し訳ございません

ポイント解説 理由は交通渋滞であっても、周りに迷惑をかけたことに対してお詫びする姿勢が大事。

Bad

Scene 朝、会社の同僚と会って

おはよう

Scene 自分が退社するとき

お先に帰ります

Scene 退社帰宅する上司に対して

ご苦労様です

Scene 休暇のあと出勤したとき、上司に対して

休みはゆっくり過ごさせていただきました

Good!

おはようございます

ポイント解説　友だち同士なら「おはよう」でもいいが、社会人になったら、たとえ同期社員でも、きちんと「おはようございます」と挨拶すべき。

お先に失礼いたします

ポイント解説　社内に残っている人に対して敬意を払うことを忘れずに。

お疲れ様でした

ポイント解説　「ご苦労様です」は、目上の人や上司には使わない。「お疲れ様です」を使おう。

お休みをいただきまして、ありがとうございました

ポイント解説　不在中に面倒をかけたことに対しての恐縮する気持ちと感謝の気持ちを伝えよう。

Bad

Scene ランチに出かけるとき

ランチに行ってきます

Scene 取引先や上司に食事をごちそうになったとき

どうもありがとうございます

Scene 食事をする場所で相席するとき

一緒にいいでしょうか

Scene 先にランチに出かけて帰ってきたとき

いま、戻りました

Good!

お昼をいただきます

ポイント解説 仕事中の人もいるので、昼食で席をはずすことに対して、周囲の人にも気をつかおう。

ごちそう様でした

ポイント解説 食事をごちそうになったり、物をいただいたりした場合には、きちんとお礼を述べよう。

ご一緒してもよろしいですか

ポイント解説 周りへ配慮する姿は上司や取引先の人も見ている。先に座っていた人へ配慮した言葉をかけよう。

お先にお昼をいただきました

ポイント解説 先に昼食の時間をもらったことについて一言加えると好印象。

Bad

Scene 休みをもらうとき

明日、休みます

Scene 夏期休暇など長期休暇をもらうとき

明日から夏休みをもらうことになっています

Scene 急に休むとき

今日、体調がよくないので休ませてください

Scene 体調不良で早退するとき

すいません、調子が悪いので先に上がります

Good!

明日、お休みをいただきます

ポイント解説 休暇は会社からもらうもので、上司や先輩からもらうものではないが、謙虚な気持ちを込めて、あえて「いただく」という言葉を使う。

明日から、○日まで 夏期休暇をいただきます

ポイント解説 自分の予定を周囲に知らせ、「休み中ご迷惑をおかけします」という気持ちを込めよう。

体調不良のため本日お休みをいただけますでしょうか

ポイント解説 体調不良でも休みは勝手に自分で決めることではない。お伺いするスタンスを取ろう。「申し訳ございません」の言葉も忘れずに。

ご迷惑をおかけいたしますが、お先に失礼いたします

ポイント解説 体調が悪くても周りへの気づかいを忘れずに。

Bad

Scene 年末の取引先に対しての挨拶

今年はありがとうございました。
よいお年を

Scene 年始の取引先に対しての挨拶

おめでとうございます。
今年もよろしくお願いします

Scene 取引先にて手土産を渡されたとき

どうも、ありがとうございます

Scene 取引先にて手土産を渡すとき

これ、どうぞ

Good!

本年は大変お世話になりました。よいお年をお迎えください

ポイント解説 1年の区切りである年末には、1年間お世話になったというお礼の気持ちをしっかり伝えよう。

あけましておめでとうございます。本年もよろしくお願いいたします

ポイント解説 年の始まりには、新たな気持ちで、きちんと挨拶しよう。

お心づかいありがとうございます。遠慮なく頂戴いたします

ポイント解説 相手の心づかいに対して素直に感謝の念を示し、言葉でしっかり伝えよう。

つまらないものですが

ポイント解説 「つまらないものですが」は社交辞令的に使う言葉。日本独特の言い回しではあるが、ぜひ使えるようになりたい。

Bad

Scene 町で知り合いと出会って

ああ、どうも

Scene 久しぶりに目上の人に会ったとき

お久しぶりです

Scene 寒い日に知り合いに会ったとき

寒いですね

Scene 暑い日に知り合いに会ったとき

暑いですね

Good!

こんにちは

ポイント解説 ついつい口をついて出てくるのが「どうも」だが、きちんと「こんにちは」「こんばんは」と挨拶しよう。

ご無沙汰しております

ポイント解説 「久しぶり」は同等の立場の人に向かって使う言葉であるため、目上の人には、「ご無沙汰しております」を使うのがよい。

寒さが厳しくなってきましたね

ポイント解説 単に「寒いですね」よりもあとに会話が続きやすい。

暑さが厳しくなってきましたね

ポイント解説 続けて、「お変わりありませんか？」と言葉をつなぐとより好印象になる。

Bad

Scene 上司の部屋に入るとき

（ノックのみ、無言）

Scene 前日に大きなイベントや会議があったとき、上司に対して

（何も言わない）

Scene 退職する上司に対して

ご苦労様でした

Scene 転勤してきた上司に対して

（挨拶されるまで、無言）

Good!

失礼します

ポイント解説 ノック後、返事があったらドアを開け、会釈をしながら「失礼します」というのが礼儀。

昨日はお疲れ様でした

ポイント解説 「勉強になりました」などの言葉を添えて挨拶すると、上司からの印象もグンと上がる。

お世話になりました

ポイント解説 ご苦労様は目下の人へのねぎらいの言葉。上司には「お世話になりました」を使う。

佐藤と申します。よろしくお願いいたします

ポイント解説 誰に対しても自分から先に挨拶する習慣をつけよう。

Bad

Scene 具合の悪い上司に対して

お大事に

Scene 前日にミスをフォローしてもらったとき

昨日は、どうもすいません

Scene 上司に元気かどうか聞かれたとき

はい、元気です

Scene 体をいたわる言葉

お風邪をひかないように

Good!

お大事になさってください

ポイント解説 「なさってください」と付けるだけで好印象を与えることができる。

昨日は ありがとうございました

ポイント解説 フォローしてもらってありがたい、と思った感謝の気持ちをしっかり伝えよう。

はい、おかげ様で、元気にやっております

ポイント解説 元気でいられるのは周りの方のおかげであるという感謝の気持ちを込めて、「おかげ様で」という表現を身につけよう。

お風邪を召しませんように

ポイント解説 「召す」は「食べる」以外にも使う。「行き届いた人」という印象を相手に与えることができる。

Bad

Scene 転勤する同僚に対して

元気でね

Scene 転勤してきた同僚に対して

よろしく

Scene 新しい職場や転勤先で初めて同僚と会ったとき

佐藤と言います

Scene 昔の同僚に久しぶりに会ったとき

やあ、どうも

Good!

どうぞお元気で

ポイント解説 親しくてもビジネスシーンでは、丁寧な言葉づかいを心がけよう。

よろしくお願いします

ポイント解説 友だち感覚は禁物。どんなときでもビジネスシーンであることを忘れないようにしよう。

はじめまして、私、佐藤と申します

ポイント解説 初対面の人には第一印象が大切です。しっかりはっきりさわやかに挨拶しよう。

お久しぶりです

ポイント解説 一言でいいから、しっかり言葉を交わそう。たとえ知り合いでも丁寧に接する。

column 1

あえて「二重敬語」を用いた好感度アップの表現

敬語は、一つの言語自体が敬語として認識されているものも多く、一般的に使われているものがあります。ところが、それを認識していない人も多く、文法上誤った用法で使用されているケースがよく見られます。

そのような用法の間違いがよく見られる業界は婚礼業界です。

本来、「新郎・新婦」はこの言語自体が尊敬語なので、美化語や丁寧語を付けることは二重敬語の用法となり、間違った使用法です。にもかかわらず、結婚式場やホテルなどの婚礼業界のスタッフは当たり前のように「ご新郎・ご新婦」のような二重敬語や、「ご新郎様・ご新婦様」「ご媒酌人ご夫妻様」のような三重敬語、四重敬語を使っています。しかし、そこには、あえて間違った用法でも使いたい思惑があるのです。

言葉は、使う人が心地よいと思うほうに変化していく性質があるので、だんだんとこうした二重敬語は許容されるようになってきました。「ご新郎」「ご新婦」が一般的になった業界内で、もしホテルや結婚式場の若いスタッフが「新郎」「新婦」と呼んでしまったら、いくら正しい敬語と言えども聞いている周りの人々は奇異に思うのではないでしょうか。

二重敬語とわかっていても、あえて「ご新郎」「ご新婦」「ご媒酌人ご夫妻様」と呼ぶほうが、はるかに温かみと優しさを感じさせる言葉づかいのように思われるのです。ある結婚式場では、三重敬語以上の多重敬語の使用をスタッフに義務付けているところがあるくらいです。

場面によっては、多重敬語も不自然に聞こえないことがある——。そこが敬語表現の難解なところです。

第2章

社内での敬語

部下が上司に接するときは、上司に対しては尊敬語、自分に対しては謙譲語を使います。

適切な敬語表現を心がけることで上司や周囲の印象をよくすることができ、評価アップにもつながることでしょう。

Bad

Scene 上司に来てもらいたいとき

こちらに来てもらって
いいですか

Scene 上司と同行するとき

わたしが一緒に行きます

Scene 上司に指示してもらいたいとき

指示してください

Scene 上司から注意されたとき

すみませんでした

Good!

こちらまでご足労いただいてもよろしいでしょうか

ポイント解説 上司に来てもらうということは、わざわざこちらまで来てもらうとの考えから、ご足労という言葉を使うのがよい。

わたくしがご同行させていただきます

ポイント解説 「一緒に行く」は対等な関係を表すため、謙譲表現の「させていただく」を用いる。

ご指示いただけないでしょうか

ポイント解説 「指示して」というのは、命令形にもとられかねない。できる限りへりくだった表現を使おう。

申し訳ございませんでした。今後十分注意いたします

ポイント解説 ただ謝るのではなく、今後気をつけて、次に生かすことをしっかり伝えることで、注意されたというマイナスポイントをプラスポイントに転換できる。

Bad

Scene 上司との会話で

さっき娘さんが来ました

Scene 上司との会話で

立派な息子さんですね

Scene 上司に対して

父がよろしくと言ってました

Scene 上司から聞かれたことがわからないとき

わかりません

Good!

先ほどお嬢様が
お見えになりました

ポイント解説 「娘さん」は「お嬢様」「ご令嬢」に。

ご立派なご子息で
いらっしゃいますね

ポイント解説 「息子さん」は「ご子息」「ご令息」に。

父がよろしく申しておりました

ポイント解説 上司に対する尊敬の気持ちを表すために、自分の身内の言動には謙譲語を用いよう。

わかりかねます

ポイント解説 「わからない」と断定するよりも「わかりかねる」という婉曲《えんきょく》表現を用いることで、ぶっきらぼうな言い方を避けることができる。

Bad

Scene 上司の服のセンスに対して

すごく似合ってます

Scene 上司と一緒に行くとき

一緒に参りましょう

Scene 上司の企画書を読んだとき

読ませてもらいました

Scene 上司より一足早く出かけるとき

先に行ってます

Good!

とてもお似合いです

ポイント解説 せっかく上司の素晴らしいところを伝えるのだから、きれいな日本語で伝えると相手も喜ぶ。

お伴いたします

ポイント解説 「参る」は謙譲語なので、自分のみの行動について用いる。目上の人と同行する場合には、「お伴する」という表現を使う。

拝読いたしました

ポイント解説 「読む」は「拝読する」に。なお、「拝読」は相手が書いたもののみに用いる。

お先に参ります

ポイント解説 上司や目上の方に対しての「行く」は、へりくだった表現で、謙譲語の「参る」を使う。

Bad

Scene 難しい事案を任されたとき

全然大丈夫です

Scene 仕事を依頼されて

はい、やらさせていただきます

Scene 書類を届けるように言われて

速攻でお届けします

Scene 上司に指示されたとき

わかりました。そうしておきます

Good!

まったく問題ありません

ポイント解説 「全然」の後には否定的表現がくるのが一般的。最近、「非常に」という意味で使われることも多いが、違和感を覚える人も多いので避けよう。

はい、やらせていただきます

ポイント解説 「さ入れ」の間違い。「～せていただく」に不要な「さ」を入れないように注意しよう。

大至急、お届けします

ポイント解説 「速攻で」はいわゆる俗用語。友だちとの会話でよく使う人は、職場で使わないように注意しよう。

はい、わかりました。そのようにさせていただきます

ポイント解説 謙譲語である「させていただく」を使うことで、上司に敬意を表そう。

Bad

Scene 会議の席で賛成したいとき

わたし的には賛成です

Scene 会議の席で反対意見を述べるとき

わたくしは鈴木さんに反対です

Scene 会議の席で賛成意見を述べるとき

わたくしは鈴木さんに賛成です

Scene 好みの食べ物を聞かれ

焼き肉とか好きです

Good!

わたくしは賛成いたします

ポイント解説 「～的」といういわゆる若者言葉には要注意。意思表示があいまいな人間だと受け取られてしまう。

鈴木さんのご意見もわかりますが、わたくしは○○の点で反対です

ポイント解説 反対意見を述べるときには、全面的に反対するのではなく、どの部分で反対なのか、具体的に事例をあげて意見を言う。

わたくしは○○の点で鈴木さんの意見に賛成いたします

ポイント解説 賛成意見を述べるときにも、漠然とした発言よりも、賛成する理由をしっかり述べることで、説得力が増す。

はい、焼き肉が好きです

ポイント解説 「～とか」は並列したい言葉があるときのみ使用する。

Bad

Scene 会議の席で経営方針などに関して

会社的にはマイナスですよ

Scene 社内で取引先を話題にして

あそこの会社 うるさいから注意しましょう

Scene 会議の席で提案に反対されたとき

それはダメだということでしょうか

Scene 現場の報告などを上司にするとき

明日写真をお見せします

Good!

会社といたしましてはマイナスイメージにつながると思います

ポイント解説 「〜的には」は、「〜といたしましては」に言い換えよう。

手厳しいお客様なので気をつけましょう

ポイント解説 取引先に対して「うるさい」というストレートな表現は避ける。社内でも言葉づかいに気をつけたい。

それでは、もう一度検討いたします

ポイント解説 「ダメだということですか」は反抗的な態度に受け取られかねない。

明日写真をご覧に入れます

ポイント解説 「見せる」の謙譲語は「ご覧に入れる」。

Bad

Scene 上司との会話で

というか

Scene 上司に相談があるとき

ご相談がありまして、
ちょっといいでしょうか

Scene 上司に企画書のチェックをしてもらうとき

企画書を見てください

Scene 上司に情報を伝えたいとき

聞いてもらいたい情報があります

Good!

と申しますか

ポイント解説 「というか」が口癖になっている人が多い。職場での会話では不要な言葉は極力使わないようにしたい。

ご相談したいことがあるのですが、お時間をいただけますでしょうか

ポイント解説 相談にのってもらうには手間と時間を要することから、軽い口調ではなく、丁寧にお願いするように心がける。

企画書にお目通しいただけますか

ポイント解説 「見てもらう」の尊敬表現である「お目通しいただく」は決まった言い方なので、そのまま覚えよう。

お耳に入れたい情報がございます

ポイント解説 「お耳に入れる」は何かを「聞かせたい」ときに用いる尊敬語で、かしこまった表現だが奥ゆかしさを感じさせる。

Bad

Scene 先輩に教えてもらいたいとき

ちょっと教えて
もらいたいのですが……

Scene 不明な点を質問するとき

わからないんですけど……、
もう一度いいですか

Scene さらに詳しく聞きたいとき

さっきの説明で
わからなかったのですが……

Scene 上司が使っているお店に行くとき

この間連れて行ってもらった店、
わたしも使っていいですか

Good!

申し訳ございませんが、教えていただきたいことがございます

ポイント解説 仕事中の相手に頼むのだから、「申し訳ございませんが……」と断りを入れよう。「教えてもらう」は「教えていただく」に。

恐れ入ります。○○の点を今一度ご説明いただけますか

ポイント解説 何がわからないのか具体的に伝えることで、お互いに誤解することなく話を進めることができる。

もう少し詳しいご説明をいただきたいのですが

ポイント解説 わからないと言ってしまうと、相手の説明の仕方が悪いようにとられかねない。聞き方ひとつで、相手の回答の仕方も違ってくる。

先日連れて行っていただいたお店、わたくしも使わせていただいてよろしいでしょうか

ポイント解説 上司がひいきにしているお店に行く場合は、一言告げておくと好印象となる。

Bad

Scene 上司に意見を求めるとき

部長、どう思いますか

Scene 上司と現場で待ち合わせるとき

部長は一人で来られますか

Scene 上司に知っているか尋ねるとき

○○の件、知ってますか

Scene 上司に対して

もう聞きましたか

Good!

部長はどのように思われますか

ポイント解説 意見を求めるときなど、何気ないシーンでもきちんとした敬語を使えるように習慣づけておこう。

部長はお一人でいらっしゃいますか

ポイント解説 「来られますか」というと、来ることが可能かどうかを問われたと受け取られかねない。上司の能力を問うような言い方は失礼にあたるので、「いらっしゃいますか」と言う。

○○の件、ご存じでしょうか

ポイント解説 「知っている」の尊敬語「ご存じ」を使おう。

すでにお聞きになりましたか

ポイント解説 「聞く」は「お聞きになる」と言い換えよう。

Bad

Scene 昼時に上司に対して

お昼食べましたか

Scene 上司の趣味を聞くとき

ゴルフはしますか

Scene 上司に教えたとき

おわかりいただけたでしょうか

Scene 出先の上司に対して

今日は戻られますか

Good!

お昼は召し上がりましたか

ポイント解説 「食べる」は「召し上がる」に。「召す」はほかに「飲む」「食う」「着る」「乗る」「風邪をひく」「風呂に入る」の尊敬語としても使える。

ゴルフはなさいますか

ポイント解説 「する」は「なさる」「される」という尊敬表現を用いる。

ご理解いただけましたでしょうか

ポイント解説 「わかったか」と聞くのは相手の能力を問うような言い方に聞こえるので、「ご理解」などに言い換えるのがよい。

今日はお戻りになりますか

ポイント解説 「戻る」の尊敬語は「お戻りになる」。「お戻りになられる」は二重敬語なので気をつけよう。

Bad

Scene 相手の言うことが理解できなかったとき

もう一度説明していただきたいのですが

Scene 上司に報告書を見てもらうとき

この報告書を見ていただきたいのですが

Scene 無理なお願いをするとき

なんとかお願いします

Scene 厄介なことをお願いするとき

悪いですね

Good!

申し訳ございませんが、もう一度、ご説明願えませんでしょうか

ポイント解説　聞き逃したことをもう一度尋ねるのだから、「申し訳ございませんが」と断りを入れよう。

恐れ入りますが、この報告書にお目を通していただけないでしょうか

ポイント解説　「お目を通していただく」は「見る」より丁寧な印象になる。

○○のようにしていただけましたら、ありがたいのですが……

ポイント解説　依頼するときには、相手の気持ちを考えて、相手の心を動かすような言葉を使うのが効果的。

ご面倒をおかけいたします

ポイント解説　相手の思いをこちらから告げて、大変なことはわかっている上でお願いしているという姿勢をとると、相手にも気持ちが伝わるはず。

Bad

Scene 忙しいときにお願いする場合

忙しいのにすみません

Scene 依頼した用件を急いでもらいたいとき

ちょっと急いでもらえますか

Scene 依頼した用件に期日を指定したいとき

5月31日までにお願いします

Scene 上司に何かを頼むとき

協力してほしいので、
よろしくお願いします

Good!

お忙しいところ恐縮ですが

ポイント解説
相手が忙しいときにこちらの用件で時間をとってもらうのだから、恐縮していることをしっかり伝えると、相手も気持ちよく手伝ってくれる。

お忙しいところ恐縮ですが、少しお急ぎいただけますでしょうか

ポイント解説
お願いをする立場として、「恐縮ですが」のようなクッション言葉を使い、できる限り丁重に依頼すれば相手も快くがんばってくれる。

こちらの事情で恐縮ですが、5月31日までにお願いしたいと存じます

ポイント解説
期日にある程度余裕がある場合には、「○月×日ごろまでにお願いできればありがたいのですが」というように、少し曖昧な表現にすることもできる。

お力添えをよろしくお願いいたします

ポイント解説
「協力してほしい」というのは、対等な関係の相手に使う言葉であるため、「お力添え」という言葉に言い換えよう。

Bad

Scene トラブルを起こしてしまったとき

すみません。お詫びします

Scene ミスをしたときに

すみません

Scene 指示されたことができなかったとき

すみませんでした

Scene 相手の手をわずらわせてしまうとき

手間をとらせてすみません

Good!

わたくしの不注意からご迷惑をおかけしてしまい、誠に申し訳ありませんでした

ポイント解説　自分の不注意からのトラブルであることをしっかり認識し、言葉に出してお詫びしよう。

私のミスです。申し訳ございません

ポイント解説　ビジネスシーンで、特にこちらに落ち度があってお詫びするときの「すみません」は軽い印象となるのであまりよくない。

思ったような結果を出せず、申し訳ございませんでした

ポイント解説　「すみません」よりも「申し訳ない」のほうがより深刻な雰囲気を表現できる。

お手数をおかけいたします

ポイント解説　「すみません」は軽い印象。手をわずらわせることのお詫びの気持ちを伝えることを考えよう。

Bad

Scene 同僚に手伝ってもらいたいとき

手伝ってくれない？

Scene 同僚から意見を求められたとき

いいんじゃないかな

Scene 同僚に依頼するとき

よろしく頼むよ

Scene 同僚との会話で

部長が言っていたのですが

Good!

お忙しいところ申し訳ありませんが、お手伝いいただけないでしょうか？

ポイント解説 同僚にも仕事があり、その時間を割いて手伝ってもらうのだから丁寧な言葉でお願いしよう。

○○の点でよいと思います

ポイント解説 相談内容をきちんと理解した上で、自らの意見を述べていることをしっかり示すべき。

これらについてお願いします

ポイント解説 後輩や部下に対しても、横柄な態度は取らない。特にお客様や取引相手の前では気をつけよう。

部長がおっしゃっておりましたが

ポイント解説 「言う」の尊敬語「おっしゃる」を使う。「お～になる」という尊敬表現の変化系だが、「お言いになる」とは言わないので注意が必要。

Bad

Scene 無理なお願いを聞いてもらったとき

ありがとう。とても助かりました

Scene 力になってもらったとき

いろいろと、
ありがとうございました

Scene 交渉ごとで間に入って口をきいてもらったとき

世話してもらって、
ありがとうございました

Scene 上司から忠告を受けたとき

あっ、そうですか。わかりました

Good!

ありがとうございました。大変助かりました

ポイント解説　素直に感謝の気持ちを伝えよう。

ご尽力いただきまして、ありがとうございました

ポイント解説　力を尽くしてもらったことに対してお礼をきちんと言おう。一言加えるだけでグッと丁寧な印象になる。

お口添えいただきまして、ありがとうございました

ポイント解説　「お口添え」はぜひとも身につけておきたい表現。お願いするときも「一言お口添えをいただけると助かるのですが」というふうにも使える。

ご指導ありがとうございます

ポイント解説　忠告はあなたのためにしてくれていると認識し、どんな言葉でも素直に受け止めるようにしよう。

Bad

Scene 交渉などがうまくいかないとき

それはやばいですね

Scene 失敗してしまったとき

すごくへこみました

Scene 相手の話を受けて

というか、人見知りなんです

Scene 出先からそのまま直帰したいとき

今日はこのまま帰りたいのですが、いいでしょうか

Good!

それは厳しい状況ですね

ポイント解説 「やばい」は事態がまずいときや、最近は感嘆するときにも使われるが、いずれにしても俗語であるため、正しい言葉を使おう。

落ち込みましたが、次回に生かします

ポイント解説 感情をむき出しにして発言するのは、幼稚な行為と受け取られる。いつでも冷静な言葉づかいを心がけよう。

といいますか、人見知りなのです

ポイント解説 「というか」も口癖になりやすい言葉。相手の言葉を受けて、「〜というか」と言い換えるのは無礼な印象になる。

本日はこのまま直帰させていただきたいのですが、よろしいでしょうか

ポイント解説 まだ会社に残って仕事をしている人のことを考えて、より丁寧な言い方を心がけよう。

Bad

Scene 自分宛の連絡がないか出先から確認したいとき

何かわたくしにありますか

Scene 帰社の時間が遅れそうなとき

ちょっと遅れてて、帰るのが
5時ごろになりそうです

Scene 出社の時間が遅くなりそうなとき

明日は外を回ってから行くので、
11時ごろ出社します

Scene 社内で課長からの部長宛の電話に対して

鈴木部長は外出しています

Good!

わたくし宛に何か用件は入っておりませんでしょうか

ポイント解説 直帰するときは急ぎの用件が入っていないかどうか、必ず確認するようにしよう。

打合せが長引きまして、帰社が5時ごろになってしまいそうです

ポイント解説 予定通りにいかないことはよくあることなので、遅れる理由をきちんと述べることが大切。

明日は直接取引先のところに伺いますので、11時ごろの出社になります

ポイント解説 社会人たるもの、行き先と時間をはっきり述べるのが基本。

鈴木部長は外出しておられます

ポイント解説 社内からの電話の場合は、かけてきた相手と自分の上司との上下関係から判断する。相手が自分の上司と同等あるいは下の場合は上司に対して尊敬語を使おう。

Bad

Scene 社内で社長からの部長宛の電話に対して

部長は外出されています

Scene 信じられない話を聞いて

それは、ありえなくないですか

Scene 休暇を申し出るとき

金曜日にお休みをもらいたいので、よろしくお願いします

Scene 食事に誘われたが予定があるとき

今日は予定が入っています

Good!

部長は外出しております

ポイント解説 相手が社長や役員など上司より上の立場の場合は、へりくだって謙譲語を使う。

そういうことは、ありえないでしょう

ポイント解説 「～なくない」という言い方は二重否定で強い肯定になるものの、不快に感じる人もいるので避けるべき。

親戚に不幸がありまして、金曜日に休ませていただきたいのですが、よろしいでしょうか

ポイント解説 きちんと理由を説明し、最後に「よろしいでしょうか」と許可を請う言葉をつける。許可されたら「ありがとうございます」を忘れずに。

せっかくのお誘いですが、本日はあいにく予定がありまして

ポイント解説 誘ってくれたことに対して、申し訳ない気持ちを伝えよう。さらに「〇〇でしたら空いております」と代替案を出すことで、一緒に行くのが嫌でないことを伝えられる。

Bad

Scene プレゼンテーションを応援するとき

プレゼンテーション、がんばってください

Scene 同僚の発言に感動したとき

高橋さんが言ったこと、すごく感動しました

Scene 依頼されていた案件が遅れそうなとき

たぶん遅れると思います

Scene 書類の提出が間に合わないとき

間に合いませんのでもう少し待ってください

Good!

プレゼンテーションの成功をお祈りしております

ポイント解説　「お前に言われたくない」と上司は思うかもしれない。「がんばって」は目上から目下のものに向かってしか使えない表現なので、気をつけよう。

高橋さんのご発言に大変感銘いたしました

ポイント解説　感動したり、感銘を受けたことを相手にしっかり伝えることで、相手との距離も縮まり、よりよい人間関係が築ける。

もう少しお時間をいただけませんでしょうか

ポイント解説　遅れるのは、自分に責任があると考えること。「誠に申し訳ございませんが」を付け加えて謙虚な気持ちを忘れずに。

期日に間に合いそうもありませんので、10日までお待ちいただけませんでしょうか

ポイント解説　提出期限が間に合いそうにない場合は、早めに報告し、いつまでなら提出できるのか、具体的に報告するのが望ましい。「申し訳ございませんが」を加えるとより好印象になる。

column 2

「敬称」のこと、これだけは知っておきたい

昔、「拝啓天皇陛下様」というタイトルの映画がヒットしたことがありました。このタイトルは敬語の用法としては、あきらかに間違っています。陛下はこの言葉自体が敬語ですから、そこに「様」を付けることによって二重敬語になってしまい、場合によっては愚弄する言葉になってしまいます。

地位や役職がそのまま敬称となる言葉はほかにもたくさん存在しています。たとえば、日本の首相の呼称であれば、内閣総理大臣閣下、外国の国家元首などにも大統領閣下などを使用します。

また、特殊な世界では、やはり特殊な呼び方が存在しています。

仏教界では、宗派によって化主、管主、管長、猊下、大僧正、権大僧正、上人、和尚などの言葉や、○○寺ご住職などが、その言葉自体が敬称となる役職名であったり、地位名であったりします。

先の皇族の例でいくと、天皇陛下、皇后陛下、皇太子殿下、皇太子妃殿下などはよく知られていますが、ほかの宮家に対しては、男性であれば○○の宮○○親王殿下、令夫人の場合には、○○の宮妃殿下、もしくは○○の宮○○妃殿下と呼びます。

一般企業では、専務、常務、部長、課長、代理、補佐、参事、参与、などがこの範疇に入ります。

敬称については、卑称との区別がしづらくなってきているのが現代の傾向でもあります。「先生」「女史」は尊称ですが、相手をバカにした卑称として使う人もいるので、注意が必要です。

「貴様」も江戸時代までは尊称でしたが、現代では卑称とするのが常識です。ですから、もとは尊称だからといって面接で面接官に向かって「貴様は……」などと言ってはいけません。

第3章

電話での敬語

- 電話を受ける際の敬語
- 電話をかける際の敬語
- 困った相手に対処する際の敬語
- 電話を取り次ぐ際の敬語
- 聞き取りづらい際の敬語

電話は、顔を見ることができませんから、相手がどんな心理状態でいるかつかみづらいため、いっそう丁寧な表現をすることが求められます。

相手に好印象を与えるような話し方を身につけましょう。

Bad

Scene 電話を受けるときの第一声は

もしもし、田中商事です

Scene 朝、電話を受けるとき

はい、渡辺です

Scene 忙しいときに電話がかかって来た場合

いま忙しいので、あとで電話します

Scene 取り次ぎで相手を待たせたとき

どうも、すみません

Good!

はい、田中商事でございます

ポイント解説 ビジネスで「もしもし」は使わない。「こちら○○会社です」と「こちら」をつけるとより丁寧になる。

おはようございます。渡辺でございます

ポイント解説 朝の第一声は、「おはようございます」と応対しよう。相手も気持ちがいいものだ。

ただいま手が放せませんので、のちほどこちらからお電話いたします

ポイント解説 忙しいのはこちらの勝手な状況なので、相手に対しては謙虚な気持ちと心づかいを忘れずに。

大変お待たせしました

ポイント解説 少ししか待たせていなくても、待っている人には長く感じるものなので、待たせてしまって申し訳ない気持ちを伝える。

Bad

Scene 社内の取り次ぐ相手に電話させたいとき

では、こちらからお電話させます

Scene 連絡方法を相手に選んでもらいたいとき

どうしましょうか?

Scene 相手に電話番号やメールアドレスを伝えるとき

では、いいですか?

Scene FAXは届いているか聞かれて

いま見てきますので、
少し待ってください

Good!

戻りましたら、こちらから お電話差し上げます

ポイント解説　電話させることに違いはないが、「お電話差し上げる」のほうが、より好印象を与える。

いかがいたしましょうか？

ポイント解説　相手に選択肢を示して、「どれにしますか」と言うときは、「いかがいたしましょうか？」を使う。

メモのご用意は よろしいでしょうか？

ポイント解説　相手に電話番号やメールアドレスなどを伝えるときは、用意ができているかどうか聞こう。

ただいま確認して参りますので、少々お待ちいただけますか？

ポイント解説　「確認してくる」は「確認して参る」という謙譲表現にする。相手に待ってもらうときは、必ず確認を取ろう。

Bad

Scene 明日以降折り返すよう伝言を頼まれたら

わかりました。では明日以降に
電話するように言っておきます

Scene 相手の名前を確認するとき

すみませんが、もう一度名前を
教えてもらえますか?

Scene 伝言を頼まれたとき

わかりました。では失礼します

Scene セールスの勧誘に対して

忙しいので対応できません

Good!

承知しました。明日以降、お電話するよう申し伝えます

ポイント解説 理解したことを伝えるには「承知しました」が丁寧な言い方。「言っておきます」は「申し伝えます」という言い方をぜひ覚えておきたい。

恐れ入りますが、もう一度お名前をお聞かせいただけますでしょうか？

ポイント解説 手間をとらせたときは「恐れ入りますが」の一言を添えよう。

わたくし、中村がうけたまわりました。失礼いたします

ポイント解説 相手から「お名前は？」と問われる前に自分から名乗っておこう。しっかりした会社であることを印象付けることができる。

お取次はいたしかねます

ポイント解説 あきらかに不要なセールスとわかる場合は、毅然と断るべき。「いたしかねる」という表現を覚えよう。

Bad

Scene 離れた席の人に取り次ぐとき

ちょっと待ってください

Scene 名指しされた名前が自分だったとき

わたくしがそうですが

Scene 伝言の内容を確認するとき

○○ということですね

Scene わからない話について尋ねられたとき

わたくしではわかりません

Good!

確認して参りますので、少々お待ちください

ポイント解説 別の電話番号があるときはそれを伝えるのがよいが、探してあげる親切心を持とう。

はい、わたくしが小川でございます

ポイント解説 声で判別できない人には、「ございます」と丁寧に対応しよう。

○○ということでございますね。わたくし、木下がうけたまわりました

ポイント解説 伝言の内容を自分なりに理解して確認しておこう。

その件についてはわかりかねますので、のちほど担当者よりご連絡させていただきます

ポイント解説 ただ、「わかりません」ではつれない印象。「わかりかねる」「あとで連絡する」旨をはっきり伝えよう。

Bad

Scene 朝一番に電話をかけるとき

朝からすみません

Scene お昼に電話をかけるとき

こんにちは

Scene 終業間際に電話をかけるとき

こんな時間にすみません

Scene 個人宅に夜電話をかけるとき

こんばんは

Good!

朝から恐れ入ります

ポイント解説　朝一番はどこの会社も朝礼、業務報告など始業準備で忙しい時間なので、申し訳ない気持ちを伝えよう。

お昼時に申し訳ございません

ポイント解説　昼時は食事休憩を取っている場合があるので、なるべく電話をするのは避けたほうがよい。どうしてもかけなければいけないときは、申し訳ない気持ちを表現しよう。

遅い時間に申し訳ございません

ポイント解説　就業間際に電話をするのは本来は遠慮すべきだが、どうしてもかけなければならないときは一言断っておくのがよい。

夜分に恐れ入ります

ポイント解説　初めて個人宅に電話をする場合には20時以降は避けるべきだが、必要な場合は断りを入れる。

Bad

Scene 電話をかけるとき

山田ですが、吉田さんいますか

Scene 間違い電話をかけてしまったとき

あれ?　違います?

Scene 「少々お待ちください」と言われて

はい(黙って待つ)

Scene 携帯電話にかけたとき

いま、電話いいですか

Good!

山田と申しますが、吉田さんはいらっしゃいますか

ポイント解説 必ず自ら先に名乗ること。名乗らないのは相手に対して失礼であるだけでなく、横柄な印象を与えてしまう。

失礼しました

ポイント解説 相手が誰かは関係なく、常に丁寧な言葉づかいを心がけよう。

恐れ入ります

ポイント解説 電話口に出てくれた人に手間を取らせるのだから、感謝と申し訳ないという気持ちを伝えよう。

いま、少々お時間をいただけますでしょうか

ポイント解説 携帯電話にかけるときは、相手が話をできる状況にあるかどうかわからないので、話せる状態かどうかをまず聞こう。

Bad

Scene 話を終えて電話を切るとき

では、そういうことで
お願いします

Scene 「14時に戻ります」と言われたら

では、14時に電話します

Scene 伝言をお願いするとき

伝えてもらえますか

Scene 名指し人が不在で電話をもらいたいとき

戻ったら電話をもらえますか

Good!

それでは、よろしくお願いいたします。失礼します

ポイント解説 「では、そういうことで」は言いがちだが、口癖にならないように。きちんと「お願いいたします」と言おう。

それでは、14時に改めてお電話差し上げます

ポイント解説 「電話をする」は「電話を差し上げる」とすると、より丁寧な印象となる。

恐れ入りますが、ご伝言をお願いいたします

ポイント解説 お願いするときには、相手への配慮から「恐れ入りますが」など一言添えるとスマートな印象になる。

お戻りになりましたらお電話をいただきたいのですが

ポイント解説 こちらの用件なのに相手から折り返しの電話をもらうのだから、「恐れ入ります」「恐縮ですが」などのクッションとなる言葉を入れることで、相手も気持ちよく応対してくれる。

Bad

Scene 名指し人が不在でまた電話するとき

では、また電話します

Scene 初めて話す相手に電話をかけるとき

突然お電話してすみません

Scene 「会議で席をはずしている」と言われたら

何時ならいらっしゃいますか

Scene 「出張中です」と言われたら

いつ戻られますか

Good!

それではのちほど、こちらからお電話いたします

ポイント解説　電話を受けてくれた人にも丁寧に対応しよう。

突然のお電話で恐縮です

ポイント解説　初めて話す相手に電話をかけるときは、「恐縮です」といったクッション言葉を添えると好印象。

何時ごろお手すきになりますか

ポイント解説　「何時に席にお戻りになりますか？」でもOK。

次の出社のご予定はいつになりますでしょうか

ポイント解説　たとえ相手との仲が親密であっても、取り次ぐ相手はそのことを知らないのだから、丁寧な言い回しを心がける。

Bad

Scene かけ手が名乗らないとき

どなたですか

Scene 間違い電話がかかってきたとき

違いますよ

Scene 社内の人の携帯電話の番号を聞かれたら

携帯番号は教えられません

Scene 電話でのクレーム対応で

なるほど、そうですね

Good!

失礼ですが、どちら様でいらっしゃいますか

ポイント解説　名乗らないのは相手にも問題はあるが、受け手はへりくだった言い方をするよう心がけよう。

こちらは伊藤建設でございます。番号をお間違えではございませんか

ポイント解説　間違い電話もビジネスチャンスとなりうる。丁寧に対応するよう心がけよう。

こちらで連絡をとりまして、ご連絡差し上げましょうか

ポイント解説　自分もよく知っている人なら教えても問題ないが、それ以外の人の場合は、「改めてこちらから連絡する」としたほうが無難。

お客様のお気持ちはわかります

ポイント解説　「なるほど」という表現から、謙虚な気持ちやお詫びの姿勢を感じ取ることはできない。すぐに謝るのではなく、「話について理解した」「気持ちはわかる」とまず伝えよう。

Bad

Scene 取り次ぐ人が席にいないとき

いまいないんですが

Scene 取り次ぐ人が出かけているとき

いま出かけてます

Scene 取り次ぐ人が電話中のとき

いま電話中です

Scene 取り次ぐ人が会議中のとき

会議中です

Good!

あいにく席を外しております

ポイント解説 トイレに行っている、たばこを吸いに行っている、来客中など、社内にはいるのだけれど、席にいない場合には、「席を外している」を使う。

あいにく外出しております

ポイント解説 「出かけている」は「外出している」に。せっかく電話をかけてきた相手に対して、「あいにく」というクッション言葉を使うことで、申し訳ない気持ちをにじみ出せる。

あいにくほかの電話に出ております

ポイント解説 「電話中」と使うのは間違いではありませんが、こちらの状況を事務的に伝えているような冷たい感じになる。相手が見えない電話ではより丁寧な表現を使うことがポイント。

あいにく会議中でございます。会議は○○時に終了する予定です

ポイント解説 会議の終了時間も伝えるようにしよう。

Bad

Scene 電話で取り次ぐ相手が休みのとき

山本はお休みをとっております

Scene 電話で誰に取り次ぐか聞きたいとき

どなたにおつなぎしましょうか

Scene 取り次ぐ相手と同じ苗字の人が複数いるとき

加藤だけではわからないのですが

Scene 上司の家族に対して

小林は今外出しています

Good!

山本はお休みを
いただいております

ポイント解説　休みは電話の相手からもらうわけではないので、文法的には間違った表現だが、一般的に使う表現。特にサービス業界では、あえて「お休みをいただく」を使ったほうがよい。

どの者に
おつなぎしましょうか

ポイント解説　「どなたに」は「誰」の尊敬語となるので、社内の人間については使わない。

加藤は二人おりますが、どちらの加藤でしょうか。下の名前はおわかりでしょうか

ポイント解説　ただ、わからないというのはいかにもぶっきらぼうな印象。名前が同じ人が社内にいる場合、男性か女性か、下の名前などを聞いて個人を特定する。

小林部長はただいま
外出しておられます

ポイント解説　通常、社外の人には上司であっても身内と考え、敬語は使わないが、上司のご家族に対しては別。日頃お世話になっている感謝の気持ちを添えるとなおよい。

Bad

Scene 電話の声が聞きにくいとき

ちょっと聞こえないんですが

Scene 名前を聞き取れなかったとき

もう一度お名前を教えてください

Scene 相手から電話番号やメールアドレスを聞いてメモを取ったとき

では、繰り返します

Scene 内容を聞き取れなかったとき

え、何ですか?

Good!

少々、お電話が遠いようですが……

ポイント解説 電話の声が聞き取れない場合には、さまざまな状況が考えられるが、相手に原因があっても、配慮してこのように濁して言うのが一般的。

今一度お名前をお聞かせいただけますでしょうか

ポイント解説 「えっ？」とか「はい？」と聞き返すのは、ぶっきらぼうで相手に失礼。もう一度言ってもらうよう丁寧にお願いしよう。

では、復唱いたします

ポイント解説 相手から電話番号やメールアドレスなどを聞いたときは、復唱して確認しておくと間違いがない。

申し訳ありませんが、もう一度お願いいたします

ポイント解説 聞き取れなかったら、うやむやにせず、きちんと聞き返すようにしよう。

column 3

敬語で自分の株を上げる人、下げる人

丁寧な言動は見ていて気持ちのいいものです。しかし、だからといって区別なく尊敬・謙譲の表現を乱発すればいいというものではありません。時と場所によって、自在に操れるようになるのが理想です。特に第三者がいる場合など、誰の目から見ても気持ちのいい態度で臨むことが周囲の評価を上げることにつながります。

取引先と訪れた飲食店で、取引相手には丁寧なのに、店の従業員には横柄な態度で接する人がいます。従業員からオシボリを渡されたときに「おう」などの言葉とともに受け取る人がいますが、それを見た取引相手はどう思うでしょうか。

たとえば、何かすると必ず「ありがとう」の一言を付け添えてくれるお客様がいるとします。こういうお客様は従業員から人気があり、来店すると従業員全員が喜んで接待にあたるものです。もちろん、その方の取引先の方にも最高のサービスでもてなそうとするでしょう。

逆にお金は気前よく使ってくれても、何かを従業員に依頼するときに横柄な態度をとるお客様は、従業員からの評判がよくないのは当然でしょう。従業員も人間ですから、心証のいい場合と悪い場合でお客様の対応にある程度の差が出ることはしかたないことです。

また、取引先を前にして自分の部下に普段の命令口調で指示するのも気をつけたいものです。お客様を前にしたときは、たとえ部下であっても丁寧語で話す必要があります。周囲への対応は、目の前の相手も見ていることを意識しておきたいものです。

第4章

接客・社外での敬語

お客様に対しては最大限の敬意をもって応対すべきですが、回りくどい言い方や、二重敬語は逆に相手を不快にさせるだけでなく、「行き届かない人」といった印象を与えることにもつながります。過不足ない敬語表現を心がけましょう。

Bad

Scene 商品を探しているお客様に対して

何かお探しですか

Scene お客様が現れて

いらっしゃい

Scene 荷物を忘れずに持たせたいとき

荷物をお忘れなく

Scene 不在の担当者の予定を告げるとき

あさってには出てきます

Good!

何かお探しでいらっしゃいますか

ポイント解説 友だちのような接客が特徴の店もあるにはあるが、やはり基本は丁寧な言葉づかいに。

いらっしゃいませ

ポイント解説 商店街の八百屋さんや魚屋さんの「いらっしゃい」は気取らない親しみを込めた表現として心地よいものだが、ビジネスシーンでは「いらっしゃいませ」を使いたい。

お手回り品をお忘れなく

ポイント解説 お荷物と表現すると、負担がかかるもの、足を引っ張るものというマイナスイメージを連想させてしまうので、「お手回り品」というのが大人の敬語。

明後日(みょうごにち)には、出勤いたします

ポイント解説 ビジネスでは、「あさって」は「明後日（みょうごにち）」、「おととい」は「一昨日（いっさくじつ）」、「おととし」は「一昨年（いっさくねん）」とする。

Bad

Scene 飲食店でお客様を席まで案内するとき

お一人ですか

Scene 同行者について聞くとき

何名様ですか

Scene お客様を席へ案内するとき

お席のほうへご案内します

Scene お客様の背後を通るとき

後ろを通ります

Good!

お一人様でいらっしゃいますか

ポイント解説 「一人」は「お一人様」に。

お連れの方は いらっしゃいますか

ポイント解説 「連れ」は「お連れの方」「お連れ様」としよう。

お席までご案内します

ポイント解説 「～のほう」という表現は婉曲な表現ではあるが、頻繁に使いすぎている傾向にある。使い方に気をつけよう。

後ろを失礼します

ポイント解説 人は、背後で何かをされると不安な気持ちや不快な気持ちになる。相手への気づかいをきちんと言葉にしよう。

Bad

Scene お客様を迎えるとき

佐々木様でございますね。
お待ちしてました

Scene 部屋へ案内するとき

部屋へ案内します

Scene 部屋をあとにするとき

何かあったら言ってください

Scene 電話であらかじめ話したことがある相手と初めて会うとき

電話でお話しした松本です

Good!

佐々木様でいらっしゃいますね。お待ち申し上げておりました

ポイント解説 「ございます」は物事に対して使う。人には「いらっしゃる」を使おう。「お待ち申し上げる」は「待つ」の謙譲語。

お部屋までご案内いたします

ポイント解説 「お部屋」や「ご案内」などのように「お」や「ご」は自然と使いこなせるように普段から意識して使おう。

何かございましたら、ご遠慮なくお申し付けください

ポイント解説 「言ってください」は「お申し付けください」に。接客の場でよく使われる言葉。

電話で何度かお話しさせていただいた、松本です

ポイント解説 「～させていただく」という表現は場合によっては過剰な表現にとられがちだが、謙虚な気持ちを表すには最適な言葉だ。

Bad

Scene アポなしのお客様に対して用件を聞くとき

何かご用ですか

Scene お客様の用件を聞いたら

わかりました

Scene お客様を待たせてしまったとき

お待ちどお様です

Scene お客様の言葉に相づちを打つとき

そうですか

Good!

どのようなご用件でいらっしゃいますか

ポイント解説 「何かご用ですか」はぶしつけな印象。その後、お客様になるかもしれないのだから、丁寧に応対する。

かしこまりました

ポイント解説 「わかりました」は対等なものの言い方となるため、お客様に対しては使わないのが普通。お客様に対しては「かしこまりました」「承知しました」を使うと、丁寧な対応になる。

お待たせいたしました

ポイント解説 「お待ちどお様」は親近感はわきますが、接客の場では「お待たせいたしました」がふさわしい敬語となる。

さようでございますか

ポイント解説 「そうですか」は対等な表現となる。「さようでございます」という美しい日本語を覚えて、ぜひ使いたい。

Bad

Scene お客様の要望に応えられないとき

それは、できません

Scene お客様の要望に承諾するとき

それでいいです

Scene 課長を訪ねて来たお客様に対して

井上課長は外出して
いらっしゃいます

Scene レストランでお客様にメニューの説明をするとき

メインディッシュは肉か魚の
チョイスになります

Good!

あいにく、いたしかねます

ポイント解説　できないことに対して、申し訳ない気持ちを伝えるには、「あいにく」などのクッション言葉を使うことが効果的。

それで結構です

ポイント解説　「いいです」は「結構です」に。「結構」は「いらない」という意味にも取れるので、電話でのセールスなどでは気をつけよう。

課長の井上は外出しております

ポイント解説　上司のことでも外部の方に対しては謙譲語を使った表現で伝えよう。

メインのお料理はお肉料理かお魚料理のどちらかをお選びいただけます

ポイント解説　「チョイス」ではなく、「お選びいただける」のほうがお客様の立場に立った言い方となる。

Bad

Scene お客様から商品の有無を問われたとき

在庫を見てみます

Scene 商品の在庫がないとき

お取り寄せする形になります

Scene 訪問の許可を得たいとき

明日、御社へ伺っていいでしょうか

Scene 注意をうながしたいとき

床がすべりやすいので
ご注意してください

Good!

在庫を確認して参りますのでお待ちください

ポイント解説 お客様を待たせるときは必ず「お待ちください」と言おう。

お取り寄せすることになります

ポイント解説 「○○する形」はいわゆるバイト言葉に入る。使わないほうが無難。

明日、御社へ伺って構いませんでしょうか

ポイント解説 「結構」は「自分がＯＫ」のときに使う。許しを請うときは、「構いませんでしょうか」を使う。

床がすべりやすいのでご注意ください

ポイント解説 「ご注意してください」はモタモタした印象を受ける。丁寧なだけでなく、すっきりした表現を心がけよう。

Bad

Scene お詫びなどでお客様の意見を伺うとき

お客様が申す通りです

Scene コーヒーをこぼしてしまったとき

ごめんなさい

Scene お客様とぶつかってしまったとき

すみません

Scene 用意できない商品をリクエストされたとき

それはないんですよ

Good!

お客様のおっしゃる通りでございます

ポイント解説 「申す」は謙譲語、「おっしゃる」は尊敬語。誰が誰に対して敬意を表したいかを考えて使い分けよう。

申し訳ございません

ポイント解説 「ごめんなさい」は友人・家族の間で使う言葉。「すみません」も軽い言葉に受け取られるので、「申し訳ございません」に。

失礼しました

ポイント解説 「すみません」が口癖になっている人が多い。多用せず、時と場所に合った使い方をしよう。

あいにく○○はご用意いたしかねます

ポイント解説 リクエストされた商品がない場合は、否定するだけではなく、必ず代替案を出すこと。相手に対して誠意を示すことができる。

Bad

Scene お客様から尋ねられて

あちらの受付で伺ってください

Scene クーポンを使えるか聞かれて

ご利用できます

Scene 予約できるか聞かれて

予約は可能です

Scene 不在の担当者の予定を聞かれたとき

明日まで休みです

Good!

あちらの受付でお尋ねください

ポイント解説　「聞く」のはお客様だから、謙譲語の「伺う」を使うのはおかしい。「お尋ね」か、「お聞きになる」を用いるのがよい。

ご利用になれます

ポイント解説　「利用する」の尊敬語は「ご利用になる」、使用可能という意味を込めて「ご利用になれる」と表現する。

ご予約いただけます

ポイント解説　「可能です」は事務的な表現となるので、「～していただけます」という表現に改めよう。

明日(みょうにち)までお休みをいただいております

ポイント解説　ビジネスでは、「明日」は「みょうにち」、「昨日」→「さくじつ」、「去年」→「昨年」とするのが決まりごと。

Bad

Scene お客様から質問され、すぐに答えられないとき

わからないので聞いてきます

Scene お客様との会話で

先ほどお客様が
おっしゃられた件は

Scene 担当者を呼びに行くとき

担当者を呼んで来ますね

Scene 質問されてわからないとき

わたくしにはわかりません

Good!

確認して参ります。少々お待ちくださいませ

ポイント解説 お客様に対して、「わからない」という言葉は、極力避けよう。

先ほどお客様がおっしゃった件は

ポイント解説 「おっしゃられる」は「おっしゃる」「お～なる」の二重敬語となる。やりがちな表現なので気をつけよう。

ただいま担当の者をお呼びいたします

ポイント解説 「来る」の謙譲語「参る」を使って、「呼んで参ります」としてもOK。

あいにく、わたくしにはわかりかねます

ポイント解説 ただ「わかりません」ではぶっきらぼうな印象を与えてしまう。「わかりかねる」という婉曲表現を使う。

Bad

Scene 商品の在庫がないとき

在庫がありません

Scene 値段の高い品を売るとき

値段が高いですが……

Scene 安い品をすすめるとき

これは、安いですよ

Scene お客様にお好みを伺うとき

どっちにしますか

Good!

あいにく切らしております

ポイント解説 「在庫がない」は冷淡な表現で、相手からすれば招かれざる客であるような印象を受ける。「切らしている」と言い換えよう。

こちらの商品は、少々お値段が張りますが……

ポイント解説 「値段が高い」は「値段が張る」「予算を上回る」という、やや遠回しな表現にして、相手に恥をかかせないようにしよう。

こちらの商品は、お買い得です

ポイント解説 「安い」は「お買い得」、あるいは「お求めやすい価格になっております」といった表現に言い換えよう。

どちらになさいますか

ポイント解説 「する」は「なさる」に。「いたす」は謙譲語なので、間違えないように気をつけよう。

Bad

Scene お釣りをわたすとき

お釣り50円です

Scene 「たくさん用意してます」

商品をたくさん
ご用意してございます

Scene 代金を受け取ったとき

1万円からいただきます

Scene お客様に尋ねるとき

どうでしょうか

Good!

50円のお返しです

ポイント解説 「お釣り」は、「お返し」を使うのが一般的。

商品をたくさん用意しております

ポイント解説 「ございます」は「ある」の丁寧語。用意しているのはこちらなのだから、「している」の謙譲表現「しております」にするのが自然だ。

1万円、お預かりいたします

ポイント解説 預かっているのは1万円なので、「から」は必要なし。「1万円からのお返しで3000円です」というときは使ってよい。

いかがでございますか

ポイント解説 「どう」は「いかが」へ。「どうしますか？」の場合は「いかがいたしますか？」とする。

Bad

Scene 注文をとるとき

ご注文は何にしますか

Scene 商品が到着したとき

お待ちどお様です

Scene 注文の確認をしたいとき

ご注文は以上で
よろしかったでしょうか

Scene 商品を持って来たとき

おビールのほう、お持ちしました

Good!

ご注文は何になさいますか

ポイント解説 「する」の尊敬語は「なさる」、謙譲語は「いたす」。「どちらになさいますか」「はい、そのようにいたします」と使い分けよう。

お待たせいたしました

ポイント解説 おそば屋さんの出前などは「お待ちどお様でした」でOKだが、一般の会社では、「お待たせいたしました」がよい。

ご注文は以上でよろしいでしょうか

ポイント解説 たったいま受けた注文に対して、過去形は使わない。いわゆる「バイト言葉」にあたる。「よろしいでしょうか」とすることで正しい表現となる。

ビールをお持ちしました

ポイント解説 「～のほう」は婉曲な表現方法だが、最近多用し過ぎる傾向にあり注意が必要。品物に「～のほう」を使うのはおかしい。ビールは外来語なので、基本的に「お」はつけない。

Bad

Scene 注文の品を持って来たとき

こちらコーヒーになります

Scene 注文の品を置くとき

コーヒーの方《かた》は？

Scene 相手に希望を聞くとき

**コーヒー、紅茶、
どっちにしますか**

Scene 確認をするとき

**オレンジジュースで
よろしかったでしょうか**

Good!

コーヒーをお持ちしました

ポイント解説 お客様に出した瞬間にコーヒーになるわけではないから、「お持ちしました」と言おう。「コーヒーでございます」でもよい。

コーヒーをご注文の方、お待たせしました

ポイント解説 面倒くさがらずに省略せず、きちんと応対しよう。

コーヒー、紅茶のどちらになさいますか

ポイント解説 「する」は相手に対して使うときには、尊敬語の「なさる」を使う。

オレンジジュースでございますね

ポイント解説 「よろしかったでしょうか」は、さりげなく確認しているつもりなのでしょうが、相手からすると「本当にオレンジジュースでいいの？」と聞き返されたように感じてしまう表現。

Bad

Scene お客様に注意をうながしたいとき

足元に注意してください

Scene 禁止したいとき

タバコは吸わないでください

Scene 受付にて

お名前を頂戴できますか

Scene （応接室などで）お客様を待たせるとき

座って待っていてください

Good!

お足元にお気をつけください

ポイント解説 さりげない気づかいが感じられる言葉は、相手に安心感を与える。

タバコはご遠慮ください

ポイント解説 「〜しないでください」はやや強い禁止の表現に聞こえるため、「ご遠慮ください」だとやんわりお断りするのに適している。

お名前をお聞かせいただけますでしょうか

ポイント解説 名刺は頂戴するものだが、個人の名前は頂戴するものではない。

おかけになってお待ちくださいませ

ポイント解説 「お座りになってお待ちください」でも間違いではないが、「おかけになる」のほうがより丁寧な言い方になる。

Bad

Scene 先方と初めて会うとき

初めまして、山口です

Scene 上司を紹介するとき

うちの部長の斎藤です

Scene 取引先の会社の人に

社長には前にパーティーで会ったことがあります

Scene 先方にあとで連絡したいとき

またあとで連絡します

Good!

初めてお目にかかります、山口です

ポイント解説 「初めまして」は間違った表現ではないが、「お目にかかる」のほうがより丁重に感じられる。

わたくしども（弊社）の部長の斎藤です

ポイント解説 「うち」はビジネスシーンでは使わない。「わたくしども」もしくは「弊社」が無難。

社長には以前パーティーでお目にかかりました

ポイント解説 「会う」は「お目にかかる」に。「お会いする」でも間違いではないが、お目にかかるのほうがワンランク上の敬語となる。

のちほど、こちらからご連絡を差し上げます

ポイント解説 「またあとで」は親しい人との会話で使われる言葉。「また」は「今一度」という表現を使うこともできる。

Bad

Scene「部長から聞きました」

弊社の部長から伺っております

Scene 誤解されてしまったとき

とんでもございません

Scene「お世話になっています」

いつもお世話様です

Scene「知っているか？」と聞かれて

知りません

Good!

弊社の部長から聞いております

ポイント解説　話を聞いたのは自社の部長からなので、謙譲語の「伺う」では部長を高めてしまう。内容がお客様のことであっても、聞いたのは部長からなので、「聞いて」に謙譲語の「おる」を加える。

とんでもないことでございます

ポイント解説　「とんでもない」の「ない」を「ございません」とするのは誤り。「とんでもありません」でもOK。

いつもお世話になっております

ポイント解説　「お世話様」は取引先相手に使うのは失礼にあたる。

存じ上げません

ポイント解説　「知っている」は「存じ上げる」「存じている」に言い換える。

Bad

Scene 先方の意見を肯定したいとき

その通りだと思います

Scene 先方の夫について

ご主人

Scene 先方の妻について

奥さん

Scene 先方の親について

お父さん、お母さん

Good!

おっしゃる通りでございます

ポイント解説 「おっしゃる通り」と言われると、相手も安心する。ただし、あまり多用するのはよくない。

ご主人様

ポイント解説 「主人」は「ご主人様」に。自分の夫のことを先方に話すときには、「主人」を使う。「うちのだんな」はNG。

奥様

ポイント解説 「奥さん」は「奥様」「奥方」「令夫人」に。自分の妻のことを先方に話すときには「家内」「愚妻」。「うちの嫁」はNG。

ご両親、〈あるいは〉お父様、お母様

ポイント解説 「様」はあらたまった表現だが、ビジネスシーンでは一般的に使う。「父上様」「母上様」も可。

Bad

Scene 先方の祖父母について

おじいさん、おばあさん

Scene 先方の孫について

お孫さん

Scene 先方を応接室に通すとき

中へどうぞ

Scene 先方を上司のところに連れて来たとき

お連れしました

Good!

おじいい様、おばあ様

ポイント解説 「様」をつけることで、尊重する態度を示す。

お孫様

ポイント解説 「さん」より「様」を用いたほうがより丁寧な印象。

どうぞ、中へお入りください

ポイント解説 「お入りください」と一言加える。「入る」の尊敬語である「お入りになる」という表現を覚えよう。

ご案内しました

ポイント解説 「連れる」は「連行」をイメージさせ、印象があまりよくない。「ご案内」がスマートな表現になる。

Bad

Scene 話を切り上げて帰りたいとき

では、そういうことで

Scene 訪問先の受付で

15時に約束しています

Scene 文書を送るとき

送らさせていただきます

Scene 「知っているとは思いますが」

もう聞いていると思いますが

Good!

本日はこれで失礼させていただきます

ポイント解説 「そういうこと」とは何を指すのか？　語尾までしっかり言い切るクセをつけよう。

15時にお約束をいただいております

ポイント解説 「約束をいただく」とは少々へりくだり過ぎのようにも思うが、「先方に忙しい中時間を作っていただいている」という気持ちで使おう。

お送りいたします

ポイント解説 「させていただく」という謙譲語は動詞には直接つけない。「お送りさせていただく」ともできるが、「お送りいたします」がよい。

すでにお聞きおよびのことと存じますが

ポイント解説 「聞きおよぶ」は「聞く」の一段丁寧な表現。「思います」は「存じます」という謙譲表現に言い換えよう。

Bad

Scene コーヒーかお茶かを聞かれて

では、コーヒーをください

Scene 先方に力になってもらったとき

お世話になりました

Scene 同僚を紹介したいとき

こちらが橋本君です

Scene プレゼンテーションのあと

質問はありませんか

Good!

ありがとうございます。コーヒーをいただきます

ポイント解説 「では、コーヒーを」という言い方には仕方なくコーヒーにするというニュアンスがある。「お願いします」という気持ちを伝えよう。

ご尽力いただき、誠に感謝しております

ポイント解説 力になってもらったときには、「ご尽力いただく」という表現を使おう。

こちらが橋本です

ポイント解説 日頃、同僚を君付けで呼んでいたとしても、身内を紹介するときは、呼び捨てにする。

ご質問はございませんか

ポイント解説 プレゼンテーションでは印象が大切。最後まで聞く人を立てるような丁寧なものの言い方をするよう心がけよう。

Bad

Scene 取引先の人との会話で

昨日おたくの社長にお会いしました

Scene 取引先の人との会話で

今日うちの社長がそちらの会社へ行きます

Scene 取引先の人から上司がどこにいるか尋ねられたとき

石川課長は会議室にいます

Scene 取引先の人を駅まで迎えに行くとき

駅まで迎えに行きます

Good!

昨日、御社の社長にお目にかかりました

ポイント解説 「会う」の尊敬語には「お目にかかる」という美しい日本語があるので、ぜひ使いたい。

本日弊社の社長が御社に伺います

ポイント解説 「うちの会社」は「弊社」に。社長の行動でも取引先に対しては謙譲語を使って表現しよう。

石川は会議室におります

ポイント解説 取引先からの問い合わせには、上司は身内と考え、上司の行動には謙譲語を使う。

駅までお迎えに上がります

ポイント解説 「お迎えに上がる」など、「〜に上がる」という表現には「お届けに上がる」など活用形がいくつかあるので、覚えておきたい。

Bad

Scene 取引先の人を駅まで送るとき

駅まで送ります

Scene 上司との面識を尋ねるとき

部長にはもうお目にかかっていらっしゃいますか

Scene 先方の子供について

息子さん、娘さん

Scene 話の相づちを打ちたいとき

やっぱそうなんですか

Good!

駅までお送りいたします

ポイント解説 「送る」は「お〜いたします」の形を使おう。

手前どもの河野とはご面識がおありですか

ポイント解説 「手前ども」は「自分のところの」を意味する。「お目にかかる」は謙譲表現なので、「ご面識がおありですか？」と聞こう。

ご子息、ご令嬢

ポイント解説 「息子」は「ご子息」「ご令息」、「娘」は「ご令嬢」「お嬢様」に。小さな子どもの場合には「お坊ちゃま」でもよい。逆に自分の息子のことは「愚息」と言う。

やはりそうなのですか

ポイント解説 「やっぱ」は「やはり」に言い換える。口癖になっている人もいるので、日頃から気をつけておこう。

Bad

Scene 「安心してください」

ご安心してお任せください

Scene Aよりも Bを勧めたいとき

A案が一押しです

Scene 取引を受けられないとき

ちょっと難しいですね

Scene 先方にひとまず持ち帰って検討してもらいたいとき

とりあえず、
検討よろしくお願いします

Good!

安心してお任せください

ポイント解説　丁寧な表現の「ご～」「お～」は多用すると、いかにもモタモタした印象を与える。丁寧にすればいいというだけでなく、言いやすくすっきりした言い方を心がけよう。

○○の点で、A案がよろしいかと存じます

ポイント解説　比較して理由を述べると、相手にも納得してもらえるし、説得力が増す。

この内容では、お受けいたしかねます

ポイント解説　断るときに相手を思いやる気持ちから「～は難しい」という表現を使うケースもあるが、検討の余地がない場合には、はっきりと意志を伝えるべき。

じっくりご検討いただけないでしょうか

ポイント解説　「とりあえず」という言葉には、重みがない。「ひとまず持ち帰って検討を」というニュアンスを含ませよう。

Bad

Scene 部下のミスに対して

すみません部下が
ミスしてしまいまして

Scene 上司のミスに対して

木村さんのミスは
すみませんでした

Scene 先方に迷惑をかけたとき

ご迷惑をかけてすみません

Scene 先方が忙しいときに手数をかけたとき

忙しいのに、悪かったですね

Good!

不行き届きをお許しいただきたいと存じます

ポイント解説　「ミス」という表現からは、いかにも部下が悪いという気持ちが伝わってくる。部下のミスは自分の責任なので、しっかりお詫びの言葉を添えよう。

木村のミスについて大変申し訳ございません

ポイント解説　社外の人に対して上司のことを話すときには、敬称は省略するのが常識。

ご迷惑をおかけして、誠に恐縮です

ポイント解説　迷惑をかけたときには素直に謝ろう。

お忙しいところ、お手数をおかけしました

ポイント解説　「お手数をおかけする」はビジネスシーンでは頻繁に使う。本来は「おてかず」だが、現在は「おてすう」と読むほうが一般的になっているので、どちらの読み方でもよい。

Bad

Scene 自分の拙さを詫びるとき

わたくしのせいです

Scene 自分の無知を詫びるとき

すみません、知らなかったんです

Scene 自分の非礼を詫びるとき

失礼しました

Scene わからないことを聞かれたとき

ちょっとわかりません

Good!

不徳のいたすところでございます

ポイント解説 「不徳のいたすところ」は、お詫びするときに用いられる表現です。「わたくしのせい」ではいかにも幼稚な印象を与える。

若輩者で申し訳ございません

ポイント解説 「自分が未熟である」と謙遜する言葉として、若輩者という言葉を覚えておこう。

粗相をいたしました

ポイント解説 不注意によるちょっとした過ちのことを「粗相」と言う。「お客様に粗相のないように」という使い方もできる。知っておきたい単語だ。

あいにくわたくしにはわかりかねます

ポイント解説 「わからない」だけだと、ぶっきらぼうなイメージを与えてしまうので、「わかりかねる」という表現を覚えよう。

Bad

Scene 先方に教えてもらったとき

教えていただき、ありがとうございます

Scene 先方にアドバイスをもらったとき

アドバイス、ありがとうございます

Scene 先方の協力があってうまくいったとき

林さんのおかげでうまくいきました

Scene 先方の日頃の指導に感謝するとき

いつも、いろいろとすみません

Good!

ご指導いただきまして、誠にありがとうございます

ポイント解説 目上の方に対しての言葉として、「ご指導いただく」という表現を身につけておこう。あらゆるシーンで使えて、相手も聞いていて心地よい。

ご指導賜りまして、誠にありがとうございます

ポイント解説 アドバイスは普通に使われている言葉だが、シーンによっては、軽い言葉に聞こえてしまうかもしれないので、「ご指導」が無難。

林様のお力添えのおかげで、事がうまく運びました

ポイント解説 「協力」は対等な力関係の場合に使う。相手を立てる場合には「お力添えをいただく」がよいだろう。

日頃ご指導いただきまして、心より感謝申し上げます

ポイント解説 感謝の気持ちを表すのに「すみません」を多用する人は多いが、それでは相手に伝わりにくい。思いをしっかりと言葉に表そう。

Bad

Scene 先方から無理な要求をされたとき

ちょっと無理ですねえ

Scene 先方の意見に反論するとき

お言葉を返すようですが

Scene 持ち帰って上司と相談したいとき

わたくしではちょっと……

Scene 先方に無理をお願いするとき

そこを、なんとかなりませんか

Good!

ご要望には お応えいたしかねます

ポイント解説 「～しかねる」という言い方でやんわり断ることができる。

おっしゃることはわかりますが わたくしはこのように思います

ポイント解説 「お言葉ですが」「お言葉を返すようですが」という表現は相手を不快にさせてしまう表現だ。できるだけ使わないようにしよう。

わたくしの一存では決めかねますので、少しお時間をいただけないでしょうか

ポイント解説 相手は「ちょっと……、だから何？」と思ってしまう。一般的な人間関係においては濁す表現はあるが、ビジネスシーンでははっきりしない態度と受け取られ命取りになる。

ご無理を承知で申しますが、なんとかお願いできませんでしょうか

ポイント解説 相手の気持ちを察するなら、こちらが「難しいことをお願いしていることを承知している」旨を伝えるべき。

Bad

Scene 何を飲むか聞きたいとき

何をお召し上がりに
なられますでしょうか

Scene 取引先で上司と一緒に食事会に誘われたとき

一緒に行きます

Scene 相手の注文したものが先に来たとき

どうぞ、お先にいただいてください

Scene トイレの場所を案内するとき

トイレはこちらです

Good!

何を召し上がりますか

ポイント解説 「お召し上がりになられる」は二重敬語。シンプルに「召し上がりますか」と表現する。

お伴いたします

ポイント解説 「お伴します」は目上の人についていく場合に使う。相手に対する信頼感を表現することができる。

どうぞ、冷めないうちに召し上がってください

ポイント解説 先に食べるのは失礼と考え、待ってくれる人に気配りの言葉をかけてあげたい。逆に、自分のものが先に来たときは、こう言われるまで待つ。

化粧室はこちらでございます

ポイント解説 トイレは、「お手洗い」よりは「化粧室」あるいは「パウダールーム」とすると、よりスマートになる。

Bad

Scene 接待のお礼を言われたとき

どういたしまして

Scene 目上の人と一緒にもてなしを受けるとき

わたくしもよろしいのですか

Scene 先方に土産を持たせたいとき

遠慮なくいただいてください

Scene 先方との酒席で

あと、ビール2本

Good!

お粗末様でございました

ポイント解説 自分ではどんなに行き届いたもてなしをしたつもりでも、謙遜してこのように言うのが礼儀。

お相伴に預かります

ポイント解説 一緒にもてなしを受けることを「相伴」という。「お相伴させていただきます」でも可。

どうぞ、ご遠慮なくお納めください

ポイント解説 「いただく」は謙譲なので、相手の行動に対して使うのは間違い。この場合は、「お納めください」が適当な表現だ。

ビールを2本お願いいたします

ポイント解説 接待の席などでは、お店の方に対しても丁寧に接するべき。先方に言動をすべてチェックされていることを認識しよう。

Bad

Scene 酒席で満足したときには

お腹一杯になりました

Scene 「ごちそうしてあげる」と言われて

はい、ごちそうになります

Scene 取引先の人からお酒を勧められて

もう結構です

Scene 取引先との酒席でお酒を勧められて

お酒に弱いんです

Good!

とてもおいしかったです。いいお店をご存じですね

ポイント解説　お礼の言葉とともに、相手への敬意を表する言葉を添えると、好印象だ。

ありがとうございます。お言葉に甘えて、ごちそうになります

ポイント解説　ごちそうになる場合には、少し遠慮した表現を使おう。単に「ごちそうになります」だけだと、図々しい印象を与えてしまう。

もう限界のようです。お気持ちだけいただきます

ポイント解説　「結構です」は場合によっては強い拒否に受け取られる。「気持ちだけありがたくいただく」ということで、感謝の気持ちを伝えよう。

不《ぶ》調《ちょう》法《ほう》で恐縮ですが、お酒が弱いものでして……

ポイント解説　不調法とは行き届かないことやたしなみがないこと。あまり使われないが、あえて使うことで申し訳ない気持ちをにじみ出すことができる。

Bad

Scene お手洗いを借りるとき

トイレどこですか

Scene ＦＡＸが届いたかどうかを確認したいとき

ＦＡＸは来ていらっしゃるでしょうか

Scene 相手の言葉を問い返すとき

どういう意味ですか

Scene 年齢を聞きたいとき

いくつなんですか

Good!

お手洗いを拝借しても よろしいでしょうか

ポイント解説 「借りる」のへりくだった表現として「拝借する」がある。「お借りする」でももちろんよい。

FAXは届いて おりますでしょうか

ポイント解説 FAXという物に敬語を使うのはおかしい。「来る」という表現より「届く」のほうが望ましい。

と、おっしゃいますと

ポイント解説 相手の言葉の真意をはかりかねるときは、「どういう意味ですか？」と聞くのは無作法な印象を与える。

おいくつで いらっしゃいますか

ポイント解説 女性に年齢を聞くのは失礼にあたるが、円滑な業務のために必要なときは丁寧な言葉づかいで尋ねる。

column 4

「させていただく」の乱用に注意

最近、諸事多端の折でもあり、テレビに政治家が登場して、「真摯に検討させていただきます」とか「実行させていただきます」と言っているのを耳にします。政治家に限らず、この「させていただきます」という表現の乱用が目立ってきているように思います。

「させる」にはいくつかの用法があります。

ひとつは、使役の助詞であったり、動作の放任、許容の意を表す表現として使われる言葉で、不本意なことや迷惑なことを表す言葉でもあります。「いろいろ心配かけさせて、申し訳ありません」などが例としてあげられます。

そしてもうひとつは、冒頭の政治家のような「～させていただく」の形で許容を願いつつ、謙譲語的な発想から相手の気持ちを尊重した使い方です。

この用法には、許可を得た場合のみに使用するという原則があります。「駅構内で販売させていただきます」は駅の責任者に許可を得ているので正しい使い方です。しかし、「販売を取りやめさせていただきました」という場合は、許可をもらう相手が不明確ですから、単に「販売を取りやめました」でよいのです。

冒頭の政治家の例でも許可を得る相手が定かではありません。与党政治家が「税率をあげさせていただきます」というとき、その許可を野党に得ようとしているのか、国民から得ようとしているのかわかりません。現代の用法として謙譲表現に使うのであれば、それもよしとすべきかもしれませんが、あまり多用すると慇《いん》懃《ぎん》無礼と受け取られかねないので注意が必要です。

第5章

面接での敬語

面接での基本

自己紹介する際の敬語

注意すべき若者言葉

メールの際の敬語

誰もが緊張するのが面接での言葉づかいです。急に敬語で話そうとしてもボロが出るだけですから、日頃から適切な敬語を使うことが大切。話の中に第三者が登場する場合は誰を高めたいのかをしっかり意識することで、好印象を与えましょう。

Bad

Scene 入室するとき

（ノックをせずに無言で入る）

Scene 椅子にかけるように言われたとき

（無言で座る）

Scene 受験する企業の面接で話すとき

おたくの会社

Scene 自分のことを話すとき

あたし、僕

Good!

（必ずノックをしてから）

失礼します

ポイント解説 ノックは一般的には2回。落ち着いてノックしたあとに、はきはきと大きな声で「失礼します」。ノックの仕方は第一印象につながるので、遠慮がちにするよりはしっかりしたほうがよい。

失礼します

ポイント解説 座らせていただくという気持ちで「失礼します」と必ず言おう。勧められる前に、座ってしまうのはNG。

御社、貴社

ポイント解説 一般的に「貴社」は手紙など文書のときに使う。

わたくし

ポイント解説 正式な席では「わたくし」を使うようにしたいが、「わたし」で十分だと考える面接官もいる。就職活動では普段の態度が表れてしまうので、日頃からトレーニングしておくことが必要。

Bad

Scene 質問に答えるとき

そうですね

Scene 相づちを打つとき

なるほど

Scene 約束の時間に遅れそうなとき

すみません、遅れそうです

Scene 尊敬する人を聞かれて

スティーブ·ジョブズさんです

Good!

はい

ポイント解説 受け答えをする前に「そうですね」というのが口癖になっていないだろうか？　目上の人からすると、偉そうなものの言い方に聞こえてしまう。「はい」のほうが好印象。

はい
（あるいは、軽くうなずくのみ）

ポイント解説 相手の話を聞いているときに、同意していることを伝えるのは大切だが、「なるほど」は目上の人に対しては失礼な言い方となる。「なるほどですね」もNG。

大変恐縮ですが、もうしばらくお待ちいただけますでしょうか

ポイント解説 遅れる場合には、先方に納得していただける理由を述べ、お詫びの気持ちを伝えよう。約束の時間に遅れることは一番失礼なことであると認識しよう。

スティーブ·ジョブズです

ポイント解説 歴史上の人物や面識のない著名人に敬称はつけない。

Bad

Scene 「質問はありますか?」と聞かれて

いいえ、ありません

Scene 「給与体系はこうなる」と聞かれて理解できたとき

なるほど、わかりました

Scene 自分の父、母について話すとき

お父さん、お母さん

Scene 自分のきょうだいについて話すとき

お兄さん、お姉さん

Good!

特にございません

ポイント解説 「いいえ、ありません」は間違いではないが、少し語調が強く聞こえてしまう。相手が気づかってくれている言葉に対しては「特にございません」がふさわしい。

承知しました

ポイント解説 「なるほど」は上からものを言っている印象を与えてしまうので、目上の方に対しては、「承知しました」を使おう。

父、母

ポイント解説 お父さん、お母さんはあまりにも幼稚な言い方。社会人であればたとえ友人との会話でも父、母を使うのは当然のこと。

兄、姉

ポイント解説 お兄さん、お姉さんも同様。日頃から使っていれば、いざというときにもあたふたしないはず。

Bad

Scene 自分の祖父母について話すとき

おじいさん、おばあさん

Scene 社内の雰囲気の感想を述べるとき

さっきちょっと社内を見たのですが

Scene 事前にＯＢ訪問したことを説明するとき

先日、ＯＢ訪問で山崎さんに会いました

Scene 最近、読んだ本を聞かれて

スティーブ・ジョブズさんについて書かれた本を拝読させていただきました

Good!

祖父、祖母

ポイント解説 祖父母に関しては、親しみを込めて、「うちのおじいちゃん」などという言い方をする人がいるが、ビジネスシーンでは祖父・祖母で統一する。

先ほど社内を少し拝見したのですが

ポイント解説 「さっき」は「先ほど」、「ちょっと」は「少し」、「見た」は「拝見した」に。

先日、OB訪問で山崎さんにお会いしました

ポイント解説 「会う」の謙譲語は「お会いする」、より丁寧な表現の「お目にかかる」を使ってもよい。

スティーブ・ジョブズについて書かれた本を読みました

ポイント解説 会ったことのない著名人に敬称はつけない。「拝読」は話す相手が書いたものを読んだ場合に用いる。

Bad

Scene 電話で返信が欲しいとき

電話をください

Scene 相手の社長のことを話題にするとき

森社長様

Scene 面接を終えて

今日の結果っていつわかりますか?

Scene 就職活動において

自転車通勤ってありですか

Good!

電話でご連絡いただければ、幸いです

ポイント解説 伝達手段はなるべく指定しないほうが無難だが、どうしても必要なときは、「～していただければ幸い」といったように、「できれば～してほしい」というニュアンスを伝えよう。

森社長

ポイント解説 「社長」「部長」などには尊称の意味があるため、役職名に敬称はつけないのが常識。

本日の結果はいつごろお知らせいただけますでしょうか？

ポイント解説 面接がよくできても、最後に敬語表現を間違えたら台無し。普段、何気なく使っている言葉には十分注意しよう。

自転車で通勤させていただきたいのですが、可能でしょうか

ポイント解説 可否について「あり」「なし」で話すのは幼い印象を与える。別の表現を磨こう。

Bad

Scene 自己紹介するとき

清水和男です

Scene 「わたしは臆病・心配性です」

少々心配性なところがありまして

Scene 「わたしは神経質です」

神経質だと言われます

Scene 「わたしは引っ込み思案です」

引っ込み思案なんです

Good!

清水和男と申します。よろしくお願いいたします

ポイント解説　自分の名前を名乗るときには「～と申します」。

慎重に物事を進めることができます

ポイント解説　臆病な人は慎重派であることが多い。「慎重な人」はビジネスでも重宝される。

几帳面で何事もきちんとしたいと思っています

ポイント解説　あえて神経質というのではなく、几帳面と言い換えるだけでプラスの印象を与えられる。

控えめなところがわたくしのいいところだと思っています

ポイント解説　謙虚であることはビジネスでの基本。

Bad

Scene 「適当に行動してしまう」

適当に済ませてしまうことがあります

Scene 「部活は途中でやめました」

部活は高校2年のときに
途中でやめました

Scene アルバイトについて聞かれたとき

居酒屋でバイトしてました

Scene 自分の学校について説明するとき

うちの学校は女子校です

Good!

臨機応変に物事に対応することができます

ポイント解説 「適当」はよい意味にも使うが、このときは「臨機応変」と言い換えることで印象がよくなる。

高校時代は2年間部活動を行ないました

ポイント解説 途中でやめたのは事実であっても、否定的な表現をあえて肯定的な表現にすることで、印象が変わってくる。

飲食店でアルバイトをしておりました

ポイント解説 「バイト」は「アルバイト」に。面接のような正式な場面では、省略した言葉は使わず正しい単語を使おう。

わたくしの学校は女子校です

ポイント解説 「うち」は俗用語となるので、「わたし」「わたくし」を使おう。

Bad

Scene 履歴書に書いてあることを説明するとき

履歴書に書いてあるように

Scene 出身学部を聞かれて

当方は経済学部を卒業しました

Scene 「わたくしは癒やし系です」

みんなは、わたくしのことを癒やし系だと言います

Scene 部活動などを聞かれたとき

テニス部だったんですけど

Good!

履歴書に書かせていただいたように

ポイント解説　就職活動の際には、とにかく謙虚な姿勢を表すことが大切だ。

わたくしは経済学部を卒業しました

ポイント解説　「当方」や「小生」などは面接では使わない。「わたくし」で十分。正式には「わたくし」だが、たどたどしい「わたくし」よりも「わたし」のほうが若者らしいという見方もある。

友人からは、一緒にいると心が癒やされると言われます

ポイント解説　人の性格を表すときの「～系」は若者言葉であり、一般的ではない。正しい日本語を使おう。

テニス部に所属しておりました

ポイント解説　部活動や委員会などは「所属する」を使う。

Bad

Scene 自分の性格などを話すとき

わたし、明るいほうじゃないですか

Scene 「わたしは天然キャラです」

友だちからは天然キャラと言われます

Scene 「わたしは小心者です」

人前では、ビビッてしまうほうです

Scene 「今、就職活動中」

今、就活中なんですけど

Good!

わたくしは明るい性格ですので

ポイント解説 「～じゃないですか」などの相手の同意を求めるような言い方は若い世代の独特な言い回し。言い切る勇気を持とう。

友人からは、優しい雰囲気ながらユニークなところがあると言われます

ポイント解説 「天然キャラ」はあえて表現するなら、「ユニーク」「個性的」にする。マイナスイメージのある言葉をプラスイメージのある言葉に言い換えよう。

大勢の人の前に出ると緊張してしまいます

ポイント解説 「ビビる」は「おびえる」「びくびくする」という意味で使われているが、表現するなら「緊張する」が適切。

現在、就職活動中でございます

ポイント解説 「就活中」は「就職活動中」に。省略した単語は使わない。

Bad

Scene 一言付け加えたいとき

なにげにキャプテンでした

Scene 一言付け加えたいとき

なんちゃってテニスサークルです

Scene 趣味などを聞かれたとき

いま、すごく映画に
はまってるんですよ

Scene 趣味を尋ねられたとき

ベタですけど、映画鑑賞です

Good!

キャプテンをやっておりました

ポイント解説 「なにげに」は「何気なく」からきている言葉だが、最近は「こう見えても」のようなニュアンスで使われている。若者言葉に分類され、一般社会では通用しない。

テニスサークルに所属しておりました

ポイント解説 「たいしたものではない」というニュアンスを含ませて「なんちゃって」と言う人がいるが、面接での言葉づかいとしてはふさわしくない。

現在、映画にとても興味を持っています

ポイント解説 「はまる」は「興味を持っている」「熱中する」に言い換えよう。

映画鑑賞です。最近は○○を観ました

ポイント解説 「ベタ」は「ありふれている」「平凡な」という意味で使う人がいるが、面接にはふさわしくない言葉。平凡であることをあえて言う必要はない。

Bad

Scene「無趣味です」

ぶっちゃけ趣味がないんですよね

Scene 休日の過ごし方を聞かれて

家でまったりしています

Scene 休日のすごし方を聞かれて

爆睡です

Scene「ガチでやってます」

ガチでサッカーやってます

Good!

趣味と言えるほどではありませんが、映画に興味を持っています。

ポイント解説 面接の際に、ぶっちゃけトークは禁物。

自宅でのんびりと過ごしています

ポイント解説 「まったりする」はあまりよい印象を与える言葉ではないので、「のんびりと過ごす」に。

普段アルバイトなどで睡眠時間が少ないため、休日にはぐっすり眠って疲れをとります

ポイント解説 爆睡も若者が多用する言葉だが、面接の場面にはふさわしくない。

地域のサッカーチームに所属し、休日には本気で取り組んでいます

ポイント解説 「ガチで」は「本気で」「真剣に」と言い換える。

Bad

Scene 最近腹が立ったことを聞かれたとき

マジ、むかつきました

Scene 「親がうっとうしくて」

親が面倒くさいんですよ

Scene 最近失敗してしまったことなどを聞かれて

バイトをドタキャンして店長にキレられました

Scene 面接の日時を変えられるか聞かれて

いまからですか。厳しいっすね

Good!

本当に腹が立ちました

ポイント解説 「マジ」は「本当に」、「ムカつく」は「腹が立つ」に。うっかり出てきやすい言葉なので、日頃から気をつけておくようにしよう。

心配してくれているからこそだと思いますが、両親に干渉され、しつこく感じることもあります

ポイント解説 「腹が立つこと」は社会情勢や、ニュースなどに対しては、ありのままを述べて問題ないが、周りの人が関わってくることに対しては、その人達への配慮も必要。

アルバイトを急に休んでしまったため店長から注意を受けました。今後は気をつけたいと思いました

ポイント解説 「ドタキャン」や「キレる」といった言葉を使わずとも言いたいことが表現できるようにしておきたい。

承知しました。調整させていただきます

ポイント解説 面接において、「〜っすね」という若者言葉はNG。「〜です」「〜ます」とはっきり言う習慣をつけよう。

Bad

Scene ミスをしてしまったとき

やらかしちゃいました

Scene 感動をわかってほしいとき

すごい感動しました

Scene 感性を理解してほしいとき

ヤバいくらいおもしろかったです

Scene 「できません」

正直、ムリって感じです

Good!

申し訳ございません。失敗してしまいました

ポイント解説 「やらかす」は「やる」「する」の俗語であり、きれいな言葉づかいではないので使わないように気をつけよう。

大変感動しました

ポイント解説 「すごい」の乱発は幼稚な印象を受ける。「大変」「非常に」など、別の言葉で表現できるようにしておきたい。

非常におもしろく感じました

ポイント解説 「ヤバい」を否定的な意味ではなく、肯定的な意味でも用いるのが若者の特徴だが、一般的には通用しない。

正直に申しますと、難しいと感じます

ポイント解説 「ムリ」「〜って感じ」は若者言葉とみなす人もいるので、あまりよい印象を与えない。

Bad

Scene メールで内容の確認をうながしたいとき

下記について、確認お願いします

Scene メールの内容を確認したいとき

先日のメールは拝見して
いただけましたでしょうか

Scene 通常、電話すべきところをメールで済ませたいとき

（何も書かない）

Scene メールの返信が欲しいとき

返事をください

Good!

恐縮ですが、下記について、ぜひご確認いただきますよう、お願いいたします

ポイント解説 メールの場合は、口頭に比べて、ストレートな表現が強い口調にとられがち。お願いごとをするときにはより丁寧な表現を使うように心がけよう。

先日のメールはご覧いただけましたでしょうか

ポイント解説 「拝見する」は「見る」の謙譲語なので、相手の行動には尊敬語の「ご覧になる」を用いよう。

メールにて恐縮です

ポイント解説 伝達手段にどのツールを使うべきかは、ケースバイケースだが、メールは電話に比べて、相手の手をわずらわせることなく伝えられるメリットがある。状況に合わせた言葉を選ぼう。

ご返信いただければ幸いです

ポイント解説 「ください」という言い切りの表現は丁寧な命令形とも言える。「～していただければ幸い」という言葉づかいのほうが相手に与える印象がやわらかくなる。

Bad

Scene メールを確認したことを知らせるとき

メールを拝見させていただきました

Scene 宛名に

中島運輸株式会社御中　前田様

Scene メールの文頭

こんにちは

Scene メールの語尾

明日また連絡いたします

Good!

メールを拝見いたしました

ポイント解説 「拝見させていただく」は二重敬語となり、やってしまいがちな間違い。

中島運輸株式会社　前田様

ポイント解説 「御中」と「様」は重複させないこと。会社名と名前を併記するときには名前のあとに「様」をつける。

お世話になっております

ポイント解説 「こんにちは」「おはよう」「こんばんは」は相手がいつ読むかわからないメールには用いないのが原則。

明日(15日)また
ご連絡いたします

ポイント解説 メールは相手がいつ読むかわからないので日付を入れるとより丁寧になる。

Bad

Scene 面接のアポイントをとったとき

6月10日に本社に
行かせていただきます

Scene 面接日について確定したとき

了解しました

Scene 面接日について提案されたとき

10日で大丈夫です

Scene 宛名に

ご担当各位様

Good!

6月10日に本社にお伺いいたします

ポイント解説 「行く」の謙譲語は「伺う」、または「参る」を用いる。

承知しました

ポイント解説 「了解」は事務的な表現。謙虚な姿勢を表すときには、「承知しました」を使おう。

10日で進めていただければ幸いです

ポイント解説 大丈夫という表現には、仕方なくOK、何とかOKというニュアンスがあり、目上の方に対しては、好ましい表現ではない。問題がないことをはっきり伝えた上で表現を工夫しよう。

ご担当各位

ポイント解説 各位には「みな様」の意味があるので、「ご担当各位」だけで十分。

column 5

昔はOKだったが、いまではNGな敬語表現

一昔前は敬語の表現の中に、「ご覧じる（ごろうじる）」など文語調と思える表現方法が頻繁に登場していました。「愚兄」「愚妻」「愚息」などの身内に対して使われてきた謙譲表現も現在では、あまり使われなくなってきています。

また、自分の家を拙宅、自分の意見を愚見、自分のことを小生、同じく自分のことを拙者、などとは表現しなくなってきています。

もちろん全く使われないわけではなく、年配の人の中には稀に使っている人もいますし、年配でなくても手紙ではあえてこうした表現を用いる若い世代の人もいます。

「愚妻」「愚息」などというのは、お土産を渡すときに「つまらないものですが」というのと同じように謙遜の気持ちを表すものです。さすがに自分の妻がその場に立ち会っているときには言いづらいかもしれませんが、本来の敬語の中において特に「愚妻」は当たり前の使い方でした。本当にそう思っているから言うわけではないし、家族の一体感を暗に示すような、日本語らしい表現でもありました。

しかし、最近では、「愚妻」と表現することは遠慮されるようになってきました。個人主義が浸透してきて、「まるで夫の持ち物のように扱われているようで」とか、「男尊女卑の印象を受ける」という女性からの反応があり、今では「家内の○○です」という表現が中心になってきています。男性に対して言う場合はまだしも、女性に対しては「うちの愚妻は……」などと言うのは避けておいたほうがよさそうです。

何について謙遜したいのか、そして誰に向かって言うのかを常に考えることが、敬語上達の秘訣です。

第6章

冠婚葬祭の敬語

おめでたい席での敬語

葬儀や告別式での敬語

冠婚葬祭は誰もが数多く経験するわけではないので、決まり切った慣用表現を学びましょう。

場面ごとにあった敬語表現を用いることで、祝いの席では喜びが増し、そうでない席では雰囲気をつくることができます。

Bad

Scene 結婚式・披露宴の受付にて

おめでとうございます

Scene 結婚式・披露宴の受付にて

坊ちゃんの結婚
おめでとうございます

Scene 披露宴での乾杯にて

では、乾杯へと移らせて
いただきます

Scene 披露宴でのスピーチにて

最後にお二人のお幸せを願い

Good!

本日はおめでとうございます。お招きいただきましてありがとうございます

ポイント解説　「おめでとうございます」に加え、ご招待頂いたお礼を一言添えるとより好印象。

ご子息のご結婚おめでとうございます

ポイント解説　あらたまった席では「坊ちゃん」より「ご子息」のほうがふさわしい。

では、乾杯へと進めさせていただきます

ポイント解説　「移る」は移り気などを連想させる忌み言葉であるため、「進む」とするのが無難。

結びにお二人のお幸せを願い

ポイント解説　「最後に」の「最後」が終わりを連想させるので、「結びに」とすることできれいにおさまる。

Bad

Scene 披露宴でのお祝いの言葉

重ね重ねおめでとうございます

Scene 披露宴での祝辞にて

お二人と皆様の縁が
切れないように

Scene 披露宴での友人代表のスピーチ

別れと出会いを繰り返し、
一緒になったお二人

Scene 披露宴での上司からのお祝いの言葉

わが社にとって欠かせない
人材です

Good!

誠におめでとうございます

ポイント解説 「重ね重ね」や「たびたび」など、重ね言葉は繰り返し（再婚）を連想させるので、本来はあまりよい表現ではない。

お二人と皆様のご縁が続きますように

ポイント解説 「切る」は、縁を切るを連想させるので、結婚式では使わないようにしよう。

紆余曲折を経て、結ばれたお二人

ポイント解説 たとえ別れと出会いを繰り返した二人だとしてもストレートな表現は避ける。「紆余曲折」ぐらいが穏当な表現。

わが社にとってなくてはならない人材です

ポイント解説 「欠く」は忌み言葉なので違う表現にする。

Bad

Scene 披露宴の司会にて

お二人をもう一度お迎えしましょう

Scene 披露宴にて「ケーキ入刀」

ウエディングケーキを
切っていただきます

Scene 披露宴にて「お色直し後の再登場」

お二人がお席に戻りました

Scene 披露宴にて「鏡開き」

鏡を割っていただきましょう

Good!

お二人を今一度 お迎えしましょう

ポイント解説 「もう一度」が再婚を連想させる忌み言葉となる。「今一度」を使うのがふさわしい。

ウエディングケーキにナイフを入れていただきます

ポイント解説 「切る」「切れる」は縁の切れ目を連想させるので適切ではない。「ケーキ入刀」でもよい。

お二人がお席にお着きになりました

ポイント解説 「戻る」は新婦が実家に戻るなどを連想させる忌み言葉であるため避けよう。

鏡をお開きいただきましょう

ポイント解説 「割る」も一つのものが二つになることを連想させるためよい表現ではない。

Bad

Scene 披露宴での歓談

スープが冷めないうちに
食べてください

Scene 披露宴にて終了の挨拶

式が終わりました

Scene 披露宴にて終了の挨拶

披露宴はこれにて終了です

Scene 披露宴の司会にて

花婿、花嫁

Good!

スープはあたたかいうちにお召し上がりください

ポイント解説 「冷める」は愛が冷めるを連想させるので、「あたたかいうちに」としよう。

式が整いました

ポイント解説 「終わる」は愛が終わる、二人の生活が終わるなどを連想させてしまう忌み言葉。

ご披露宴、これにてお開きでございます

ポイント解説 婚礼ではお開きという表現が慣例。

新郎、新婦

ポイント解説 最近では「新郎、新婦」が一般的。

Bad

Scene 結婚式・披露宴の受付にてご祝儀を渡すとき

ご祝儀です

Scene 結婚式・披露宴で受付を頼まれご祝儀を預かるとき

ありがとうございます。
お名前を書いてください

Scene 招待客として新郎新婦の両親に挨拶するとき

おめでとうございます

Scene お祝いの言葉を述べるとき

いつまでも離れることが
ないように

Good!

心ばかりのお祝いのしるしです。お納めください

ポイント解説　祝儀やお祝いの品を渡すときには、「お納めください」という言葉を使おう。

ご丁寧にありがとうございます。こちらにお名前とご住所をお願いいたします

ポイント解説　フォーマルな席でもあり、ほかの人も見ているので、丁寧な言葉でしっかりと対応しよう。

おめでとうございます。大学時代の友人の阿部と申します。お招きいただきましてありがとうございます

ポイント解説　ご両親には、お祝いの言葉とお招きいただいたことへのお礼を述べよう。新郎新婦が職場の同僚、先輩の場合には「○○さんにはお世話になっております」などという言葉を添えよう。

末長くお幸せに

ポイント解説　「離れる」は別離、離婚を想像させる忌み言葉。おめでたい席では「末長く」という言葉を使う。

Bad

Scene 披露宴と不幸が重なってしまって欠席する場合

不幸がありまして欠席させていただきます

Scene 友人代表のスピーチにて

今日は呼んでいただいて、ありがとうございます

Scene 司会者から紹介されて

いま、ご紹介いただきました池田です

Scene 上司のスピーチにて

必死で勉強したようで、立派に成長しました

Good!

やむを得ない事情で欠席させていただきます

ポイント解説 披露宴と弔事が重なってしまった場合には、一般的には弔事を優先するといわれているが、おめでたい席ではその理由をはっきりと伝えないのがマナー。

本日はご招待いただき、誠にありがとうございます

ポイント解説 新郎新婦とどれほど仲のよい間であっても、新郎新婦の両親からも招待されているので、その両親に対して丁寧な言葉づかいをする。

ただいまご紹介にあずかりました池田でございます

ポイント解説 「ご紹介にあずかる」は冠婚葬祭での決まった表現で、「ご紹介いただいた」よりも丁寧な言い方となる。

必死で勉強され、立派に成長なさいました

ポイント解説 会社では部下でも親にとっては大切な息子、娘であるので、尊敬語で語るのがよい。

Bad

Scene 上司のスピーチにて

結婚でさらに
がんばってくれるでしょう

Scene 結婚式で途中で帰ることをあらかじめ知らせておきたいとき

すみませんが、
途中で帰らせてもらいます

Scene 招待状を受け取って

結婚おめでとう。楽しみにしてます

Scene 招待状を受け取って

結婚おめでとうございます。
すみませんが、
欠席させていただきます

Good!

結婚でさらにがんばってくださると思います

ポイント解説　「がんばってくれるでしょう」でも間違いではないが、両親のいる場面では、丁寧な言い方を心がけたい。

申し訳ありませんが、中座させていただきます

ポイント解説　「帰る」は「実家に帰る」ことを連想させるので結婚式ではよい表現ではない。「中座する」を使おう。商談中で席をはずすときにも、「ちょっと中座させていただきます」と使える。

ご結婚おめでとうございます。慶んで出席させていただきます

ポイント解説　「喜んで」でもよいが、「慶んで」という書き方もある。より華やかな印象を与えることができる。

ご結婚おめでとうございます。やむを得ない用事のため、欠席させていただきます

ポイント解説　欠席の場合は、すぐに返事をするのは失礼なので、少ししてから電話で事情を話し、招待状の返信にも「やむを得ない事情」と理由を書こう。

Bad

Scene お悔やみの言葉

このたびは大変でしたね

Scene お悔やみの言葉

お悔やみいたします

Scene お悔やみの言葉

元気出してください

Scene お悔やみの言葉

あなたのつらさ、わかります

Good!

このたびはご愁傷様でございます

ポイント解説 「愁傷」とは憂い悲しむこと。「ご愁傷様」は通夜・告別式などでの慣用表現。

心よりお悔やみ申し上げます

ポイント解説 「お悔やみ申し上げます」も葬儀、告別式などでの決まった言い方。

お力落としのこととお察しいたします

ポイント解説 大切な人を亡くしたばかりの人は簡単には元気になれない。相手に寄りそう言葉をかけてあげたい。

ご心中お察し申し上げます

ポイント解説 親しい人であっても、葬祭の場面では丁寧な言葉づかいを心がけたい。

Bad

Scene 不幸をあとで知ったとき

知りませんでした

Scene お悔やみの言葉(キリスト教の場合)

お悔やみ申し上げます

Scene 香典を渡すとき

お香典です

Scene 受付係として

どうも、ありがとうございます

Good!

ご不幸を知らずにお悔やみが遅れて申し訳ございません

ポイント解説 不幸を知らなかったときは、まず電話でお悔やみの言葉を述べ、後日弔問するか、お悔やみの言葉を添えて香典をおくること。

安らかにお眠りください

ポイント解説 「お悔み申し上げる」や「冥福を祈る」は仏教式の言葉であるため、キリスト教では「安らかにお眠りください」が一般的に用いられる。

このたびはご愁傷様でございます。ご霊前にお供えください

ポイント解説 ご霊前は仏式・キリスト教式・神式いずれでも使える言葉。香典はお悔みの言葉を述べてから渡す。

ご弔問賜りありがとうございます

ポイント解説 遺族に代わり、お礼の言葉を述べよう。

Bad

Scene 遺族として、受付係として

遠いところありがとうございます

Scene 訃報の電話を受けたとき

本当ですか

Scene 訃報を受けてお悔やみを述べるとき

ご冥福を祈ります

Scene 参列者をもてなしたいとき

急なことで何もありませんが、
これを食べていってください

Good!

遠方よりお運びいただきまして、恐れ入ります

ポイント解説 遠くから弔問に駆けつけてくれた人には一言添えよう。

突然のことで言葉も見つかりません

ポイント解説 心身共につらい中、電話をもらったことへの感謝も加える。今後の通夜、葬儀、告別式などの予定も聞いておこう。

心よりご冥福をお祈り申し上げます

ポイント解説 「お悔やみ申し上げます」のほかに、「ご冥福をお祈り申し上げます」という言い方でもよい。

何もございませんが、お口汚しを用意しておりますので、召し上がっていただければと思います

ポイント解説 もてなす品のことを「お口汚し」という。粗茶などと同じように、謙遜の気持ちを表す言葉。

Bad

Scene 香典を受け取るとき

ありがたく、頂戴いたします

Scene 開始時間より早く到着してしまったとき

どちらで待っていればいいですか

Scene 死亡の通知(冒頭)

生前はお世話になり、
ありがとうございました

Scene 死亡の通知(末文)

がんばって生きていきます

Good!

ご丁寧に恐れ入ります。お預かりいたします

ポイント解説　香典のときは、「ありがたく頂戴」するよりも、「お預かりする」ぐらいのほうが穏当な表現となる。

どちらかで待たせていただいてもよろしいでしょうか

ポイント解説　まず待たせてもらえる状況かを丁重に尋ねよう。会場によっては手狭で出直して来るように指示される場合もある。

生前はひとかたならぬご厚情を賜り、誠にありがとうございました

ポイント解説　「厚情」とは、思いやりのある心のことを意味し、親切にしてもらったお礼を表すときに使う。

残されたわたくしどもで力を合わせて生きていく所存でございます

ポイント解説　「がんばる」は痛々しい。「力を合わせて生きていく」と書いておけば、読んだ人も安心する。

column 6

語尾を変えるだけで好感度がアップする

ドラマやアニメでいわゆる「ザーマス言葉」を聞くことがあるでしょう。これはテレビの中の話だけではなく、東京都内の高級住宅地などの婦人には実際に「ザーマス言葉」を使う人がいます。

これらの言葉は、「さようでございます」「そのようでございます」などの表現方法が、女性言葉に変化して生まれたと言われています。

酒・ビール・コーヒー・紅茶・風邪など、本来美化語や丁寧語をつけずに使用する言葉にさえ、お酒・おビール・おコーヒー・お紅茶・お風邪などのように常用している人がいます。

これも文法上の用法としては正しくありませんが、「お紅茶をお召し上がりください」などと言われたら、勧められたほうは悪い気持ちはしないのではないでしょうか。

要は、敬語としては正しいと言えなくても聞き手が心地よければ問題はないという感覚からこのような言葉づかいが許容されているものと思われます。

また、最近のテレビタレントには言葉の末尾に「ね」をつけて話している人が目立ちます。「思いますね」「考えていますね」「～しようと思いますね」「好きじゃないんですよね」などです。

親しげに話しているように思えるこの「～ね」は、疑問形や確認形の言葉と言えます。つまり、断定を避ける、暗に相手の同意を求める言い方に聞こえ、聞く人によっては不快感を覚える人もいます。

相手が聞いていて心地よいかどうかは、まず自分が心地よいかどうかで判断するしかありません。言葉に対する感度を高めておくことが、よりよい話し方を身につける近道だということです。

第7章

ワンランク上の敬語

- 目上の人に対しての敬語
- お客様に対しての敬語
- 結婚式やパーティーでの敬語
- もう一歩上の敬語表現

あまり使われないけれど、ここぞというときに使いたい敬語があります。言いにくい言葉も高度な敬語表現に包むことで、意図を伝えることができます。

頭の隅に「大人の敬語」を置いておき、ここ一番で使ってみましょう。「上品で奥ゆかしい」印象を与えることができます。

Bad

Scene 確認するとき

こちらでよろしいですか

Scene 上司や目上の人に対して

この前、息子さんにお会いしました

Scene 部長とカラオケに行ったとき

部長の歌、聞きました

Scene 人に物を贈るとき

郵便で送った品、お納めください

Good!

こちらでよろしゅうございますか

ポイント解説 かなり目上の方やご年配の方に対して使うと、より丁寧に聞こえる表現となる。

先日、ご子息にお目にかかりました

ポイント解説 「会う」の謙譲語として「お会いする」は間違いではないが、「お目にかかる」のほうがワンランク上の敬語となる。

部長のお歌を拝聴しました

ポイント解説 「聞く」は「拝聴する」に。一言感想を添えると、より好印象を与えることができる。

郵便でお送りいたしましたお品、ご笑納ください

ポイント解説 「笑納」は人に贈り物をするとき、「つまらないものですが、笑ってお納めください」という意味で使う謙譲表現。

Bad

Scene 思いやりの心をもって接してもらったとき

お気持ちに感謝します

Scene 日頃の挨拶として

お付き合いをいただきありがとうございます

Scene 重要な任務を任されたとき

大役をお受けしました

Scene 功績が認められて表彰されたとき

とても嬉しいです

Good!

ご厚情に深謝いたします

ポイント解説 「深謝」は、心から深く感謝することを表す言葉。お詫びするときにも使うことができる。

ご厚《こう》誼《ぎ》を賜り御礼申し上げます

ポイント解説 正式な席で挨拶するときや文書でよく用いられる表現。一段と格式高い大人の印象を与えられる。

大役をうけたまわりました

ポイント解説 「うけたまわる」は、この場合は謹んで受けるという意味。「仰せつかりました」という言い方でもよい。

光栄に存じます

ポイント解説 「光栄」は、業績などをほめられたり、重要な役目を任されたときに、名誉に思ったときに使う言葉。賞を与えるほうを高める意味合いがある。

Bad

Scene お客様に対して用件を聞くとき

ご用件を伺います

Scene お客様をお迎えするとき

お待ちしておりました

Scene 任意で住所などを記してもらうとき

都合が悪くなければ、
住所を書いてください

Scene 失敗して許しを請うとき

どうかお許しください

Good!

ご用件をうけたまわります

ポイント解説　「うけたまわる」は「聞く」「引き受ける」の謙譲表現で、非常にあらたまった言い方となる。

お待ち申し上げておりました

ポイント解説　「お待ちしていました」の最上級の言い方ともいえる丁寧な表現。

お差し支えなければ、ご住所をご記入ください

ポイント解説　「お差し支えなければ」は、依頼をするときによく使われる言い方。ストレートな表現を避け、やんわりとお願いしたいニュアンスが伝わる。

何卒ご容赦賜りますようお願い申し上げます

ポイント解説　「容赦」は、許すこと、大目にみること。文書でもよく使う表現なので、ぜひとも覚えておきたい。

Bad

Scene 結婚式やパーティーで出席者に向けて

ご出席いただきました皆さん

Scene 結婚式などお祝いの席で司会をするとき

お祝いの言葉を
いただきたいと思います

Scene パーティーなどで

お父さんの代わりに
来たのですね

Scene 結納の席で

お納めください

Good!

ご臨席を賜りました皆様

ポイント解説 「臨席」とは、その席に臨むことで、出席することを意味する。あらたまった席では使える表現だ。

お祝いのお言葉を賜りたいと存じます

ポイント解説 「いただく」は「賜る」、「思う」は「存じる」と表現する。

お父上のご名代でいらしたのですね

ポイント解説 「名代」とはある人の代わりをつとめること、またその人を表す言葉。

幾《いく》久《ひさ》しくご受納ください

ポイント解説 結納品などを渡すときに使う言葉。決まった慣用表現なので覚えておきたい。

Bad

Scene 相手に気をつかってもらったとき

気をつかっていただきまして
すみません

Scene 何かを渡すとき

必要でしたら、
持っていってください

Scene 「あとで連絡します」

あとで連絡いたします

Scene 自分の家へ招待するとき

ぜひわが家へお越しください

Good!

お心づかい
ありがとうございます

ポイント解説 「気を使ってもらう」より「お心づかいありがとうございます」のほうが肯定的な意味合いが強く、相手への素直な感謝の気持ちが伝わる。

ご入用でしたら、
お持ちください

ポイント解説 「ご入用」は「必要」の一段丁寧な言い回し。「お持ちください」で「持っていってください」の意味になる。

のちほどご連絡差し上げます

ポイント解説 「差し上げる」は相手に物をあげるだけでなく、返事、連絡、報告、電話にも使える。

ぜひ拙宅へお越しください

ポイント解説 「わが家」「自宅」は「拙宅」に。「拙」はつたないことを意味する。自分のことを謙遜して言う場合に用いる。ほかに「拙文」「拙作」といった使い方がある。

Bad

Scene 社長が辞任することを知って

社長は今期で
お辞めになるおつもりです

Scene 社長からお言葉をもらったとき

社長の訓示がありました

Scene 道を教えてもらったとき

すみません、助かりました

Scene 招待状などの文書で

ぜひ出席してください

Good!

社長は今期で勇退なさるおつもりです

ポイント解説 「勇退」は後進に道を譲るため、自ら退くこと。自分以外の人にのみ使い、自分が辞めるときには使わない。

社長の訓示を賜りました

ポイント解説 「賜る」はもらうの謙譲語で特にあらたまったときに使う。

ご親切にありがとうございました

ポイント解説 相手への感謝の気持ちを表すときは「すみません」より「ありがとう」を使いたい。どうしても使いたければ、「(手間をとらせて)すみません。ありがとうございました」とする。

万障お繰り合わせの上ご出席ください

ポイント解説 「万障」とは、さまざまなさしさわりや障害のこと。「繰り合わせ」はうまくやり繰りすること、都合を合わせることを言う。

付録

頻出敬語変換表

基本	尊敬	謙譲
行く、来る	お出かけになる、ご足労、いらっしゃる、お見えになる、お越しになる	伺う、参る、参上する、お伺いする
会う	お会いになる、会われる	お目にかかる、拝謁する
食べる、飲む	召し上がる、お上がりになる	頂戴する、いただく
座る	おかけになる	——
する	なさる、される	いたす、させていただく
いる	いらっしゃる、おいでになる	おる
帰る	お帰りになる	失礼する、帰らせていただく
言う	おっしゃる	申す
聞く	お耳に入る、お聞きになる	お伺いする、伺う、お聞きする、拝聴する
もらう	ご査収、お納めになる、お受け取りになる、ご笑納	いただく、頂戴する
あげる	お与えになる、与えられる	差し上げる、献上する、進呈する

基本	尊敬	謙譲
見る	ご覧になる、ご高覧	拝見する、見せていただく
見せる	お見せになる、お示しになる	ご覧にいれる、お目にかける、お見せする
売る	お売りになる、お譲りになる	お売りする、お譲りする
買う	お求めになる、お買い上げになる、お買い求めになる	——
教える	お教えになる、お教えなさる	お教えする、お教えいたす
知っている	ご存じ	存じ上げる、存じる
わかる	ご理解、ご了承、ご了解、おわかりになる	かしこまる、うけたまわる、承知する
許す	ご容赦、お許しになる	——
尋ねる	お尋ねになる、お聞きになる	お伺いする、伺う、お尋ねする、お聞きする
叱る	ご叱責、ご叱正、お叱りになる	——
死ぬ	ご逝去、ご他界、ご永眠、お亡くなりになる、亡くなられる	——
助ける	ご支援、ご援助、お力添え	お手伝いさせていただく
連れていく	お連れになる	ご案内する、お供する
思う	お思いになる、思われる	存ずる

基本	尊敬	謙譲
受け取る	受領される、ご査収くださる	拝受する、受領いたす
配慮する	ご高配くださる、ご配意いただく	配慮いたす、注意いたす
借りる	お借りになる、借りられる	拝借する、お借りする
読む	お読みになる、読まれる	拝読する
あなた、わたし	貴殿（男性）、貴女（女性）	わたくし、当方
会社	御社、貴社	弊社、当社、小社
店	貴店	弊店、当店、小店
銀行	御行、貴行	弊行、当行
学校	貴校	当校
名前	ご芳名、ご尊名、お名前	——
住居	ご自宅、お住まい、尊宅、尊家、貴宅、貴家	拙宅、小宅、弊屋
品物	佳品、結構なお品	粗品、寸志、つまらないもの、気持ばかり、形ばかり、しるしばかり
体	御身、おからだ	——
着物	お召し物	——
著作	貴著	拙著、愚書
食事	佳肴	粗餐、粗茶、粗菓、お口汚し
考え	ご高察、ご高論、ご賢察	愚見、浅見、愚考、愚説、卑見
気持ち	ご厚意、ご厚志、お心づかい	寸志、薄謝、微志

基本	フォーマルな言葉
今日	本日(ほんじつ)
明日(あした)	明日(みょうにち)
明後日(あさって)	明後日(みょうごにち)
明日の朝	明朝(みょうちょう)
昨日の夜	昨夜(さくや)
明日以降	後日(ごじつ)
今年	本年
去年(きょねん)	昨年(さくねん)
一昨年(おととし)	一昨年(いっさくねん)
この間	先日、過日
その日	当日
もうすぐ	まもなく
すぐに	さっそく、早急に、取り急ぎ
いま	ただいま
今度	このたび
前に	以前
あとで	後ほど
さっき	先程(さきほど)

基本	フォーマルな言葉
とても	大変
すごく	非常に
本当に	誠に
よい	結構
誰	どなた様、どちら様
どこ	どちら
こっち	こちら
そっち	そちら
あっち	あちら
どっち	どちら
ちょっと	少々
どのくらい	いかほど
少し	些少(さしょう)
多い	多大
かなり	結構
～ぐらい	～ほど
こんな	このような
でも、だけど	しかし

【参考資料】
・『敬語早わかり辞典』学研辞典編集部 編（学習研究社）
・『すぐに役立つ日本語活用ブック』三省堂編修所 編（三省堂）
・『敬語表現ハンドブック 』蒲谷 宏・金 東奎・高木美嘉（大修館書店）

本書は、本文庫のために書き下ろされたものです。

鹿島しのぶ（かしま・しのぶ）

駿台トラベル&ホテル専門学校ブライダル学科長。ブライダル関連、接遇会話、ビジネスマナーの授業を担当。白百合女子大学文学部英語英文学科卒業後、プロの司会者として活動を開始。現在、㈱総合会話術仟言流取締役本部師範も務めている。

著書に『お詫びの達人』などがある。

知的生きかた文庫

敬語《けいご》「そのまま使《つか》える」ハンドブック

編著者　鹿《か》島《しま》しのぶ

発行者　押鐘太陽

発行所　株式会社三笠書房

〒一〇二―〇〇七二　東京都千代田区飯田橋三―三―一

電話〇三―五二二六―五七三四〈営業部〉

〇三―五二二六―五七三一〈編集部〉

http://www.mikasashobo.co.jp

印刷　誠宏印刷

製本　若林製本工場

ISBN978-4-8379-8138-1 C0181

知的生きかた文庫

スマイルズの世界的名著 自助論
S・スマイルズ【著】 竹内 均【訳】

「天は自ら助くる者を助く」——。刊行以来今日に至るまで、世界数十カ国の人々の向上意欲をかきたて、希望の光明を与え続けてきた名著中の名著!

「1冊10分」で読める速読術
佐々木豊文

音声化しないで1行を1秒で読む、瞬時に行末と次の行頭を読む、漢字とカタカナだけを高速で追う……あなたの常識を引っ繰り返す本の読み方・生かし方!

超訳 孫子の兵法 「最後に勝つ人」の絶対ルール
田口佳史

ライバルとの競争、取引先との交渉、トラブルへの対処……孫子を知れば、「駆け引き」と「段取り」に圧倒的に強くなる! ビジネスマン必読の書!

なぜかミスをしない人の思考法
中尾政之

「まさか」や「うっかり」を事前に予防し、時にはミスを成功につなげるヒントとは——「失敗の予防学」の第一人者がこれまでの研究成果から明らかにする本。

時間を忘れるほど面白い雑学の本
竹内 均【編】

1分で頭と心に「知的な興奮」! 身近に使う言葉や、何気なく見ているものの面白い裏側を紹介。毎日がもっと楽しくなるネタが満載の一冊です!

C50252